教育综合改革实验丛书

丛书主编◎袁振国

高位均衡
轻负高质

——杭州下城教育综合改革实验模式

《教育综合改革实验丛书》编委会　编

教育科学出版社

·北京·

总　序

中国教育科学研究院院长　袁振国

　　2010 年 11 月 10 日《光明日报》对中国教育科学研究院（前身为中央教育科学研究所，以下简称"中国教科院"）教育综合改革实验区进行了专题报道：中国教科院在全国不同区域设立教育综合改革实验区，以小带大，进而带动全国教育的整体均衡发展，这些模式正逐步成为国内区域教育改革发展的新亮点。报道对实验区工作的肯定，坚定了我们加强教育综合改革实验区建设的信心。

　　2008 年 5 月，中国教科院与杭州市下城区人民政府共同创建了中国教科院杭州下城教育综合改革实验区，此后，先后与成都市青

1

羊区、大连市金州新区、深圳市南山区、宁波市鄞州区、重庆市九龙坡区人民政府共建教育综合改革实验区。这套丛书是对实验区工作的一次回顾和总结，希望以此进一步推动实验区工作的科学发展，为办人民满意的教育积累更多的经验。

当代中国教育的发展史就是一部改革史。从1985年的《中共中央关于教育体制改革的决定》，到1993年的《中国教育改革和发展纲要》，再到2010年的《国家中长期教育改革和发展规划纲要（2010—2020年）》，改革始终是主旋律。当前，教育改革已进入"深水区"，面临着很多新情况和新特点。一方面，表层问题已较好解决或者有了解决的方案，但深层次矛盾逐渐凸显出来；另一方面，社会发展日益多元化，满足不同群体的诉求难以用简单的方法应对，必须走综合改革的道路。这就要求统筹协调方方面面的力量，协同推进人事制度、管理制度、经费投入制度等的改革，把教育改革作为一项系统工程来抓。

正是基于这一考虑，为进一步发挥服务决策、创新理论、指导实践的功能，中国教科院形成了开展区域教育综合改革实验的设想。同时，我们认识到，政府作为教育管理的主体，行政区层级过高，地理空间、教育总量会很大，改革效果不可预期；行政区层级过低，无法有效统筹本区域人财物等关键要素，改革很难顺利推进，区县可能是教育综合改革实验的理想区划。令人欣喜的是，这一设想得到六区人民政府和教育行政部门的高度认同，中国教科院教育综合改革实验区应运而生。

中国教科院与六区人民政府精诚合作、锐意进取，力求以先进的理念、科学的方法、高效的机制、合理的制度来推进教育综合改革实验区的科学发展。经过反复研讨，我们确定了"院区共建、整体推进、科研引领、创新发展"的工作方针，同时，建立了有效的机制：一是专家常驻机制，中国教科院向各实验区派驻高素质专家工作组，作为科研力量的前沿部队，参与实验区建设的全过程，提供实时的、全方位的业务咨询和指导；二是决策参与机制，专家工作组通过与实验区教育行政部门领导直接沟通、通过参加领导班子办公会、参与重要政策咨询论证等多种形式，为实验区教育决策献言献策；三是课题引领，以实验区核心发展任务为重点，以双方科研资源为依托，院区共同申报研究课题，以系统的教育科学研究为实验区建设提供理论支撑和智力支持；四是区际联动，以项目合作为主要载体，各实验区之间共享优质教育资源、相互学习借鉴，共同探索解决区域教育改革发展的热点、难点问题；五是特色发展，充分尊重实验区的实际情况和个性化需求，在全面推进教育综合改革的基础上，创新实施路径和工作方法，打造不拘一格、各有特色的实验区发展模式。

在各区区委、区政府的有力领导下，在各区教育行政部门的精心培育下，在广大校长和教师的积极参与和努力下，教育综合改革实验区工作不断取得新进展，实验区整体水平不断上升：各实验区区委、区政府进一步加大了对教育工作的支持力度；社会对本地区教育工作给予了更多理解、关心和支持；各地教育改革和创新积累了越来越多的成功经验，强化了已有的特色和优势；实验区联盟加快形成。

几年下来，各区逐渐形成了各具特色的改革发展模式：杭州下城的"高位均衡、轻负高质"模式，成都青羊的"城乡统筹、质量领先"模式，大连金州新区的"多元开放、国际融合"模式，深圳南山的"追求卓越、对话世界"模式，宁波鄞州的"高位提升、惠及全民"模式，重庆九龙坡的"以生为本、优质均衡"模式清晰可见，生机盎然。

展望未来，中国教科院教育综合改革实验区将根据十八大报告提出的"深化教育领域综合改革，着力提高教育质量"的要求，以质量为导向，以教师队伍建设为重点，以教育科研为载体，以提高课堂效率为突破口，努力开创实验区工作新局面，为探索中国特色区域教育发展成功模式、助推国家整体教育改革进程作出应有贡献！

2012 年 12 月

目　录

1

欲穷千里目，更上一层楼

§ 发展篇 §

积跬步至千里，积小流成江海

§ 成效篇 §

序　言

　　改革创新是教育科学发展的动力。《国家中长期教育改革和发展规划纲要（2010—2020 年）》明确指出，"鼓励地方和学校大胆探索和试验，加快重要领域和关键环节改革步伐"。中国教育科学研究院（前身为中央教育科学研究所，以下简称"中国教科院"）下城教育综合改革实验区的成立，就是我国区域教育改革的试验田。实验区成立四年多来，在"院区共建、整体推进、科研引领、创新发展"的合作方针指引下，在下城区委区政府的关心支持下，实验区以区域教育生态理论为指导，通过中国教科院驻下城专家团队和下城全体教育工作者的携手合作，构建出了当代中国区域教育版图上的"下城模式"，即"高位均衡、轻负高质"的发展模式。

　　"高位均衡、轻负高质"的下城模式，是直面当前教育改革发展中的重点和难点问题，紧紧围绕教育公平和教育质量两大主题，立足于下城教育的理论思考和实践探索而形成的一种发展模式。它具有丰富的内涵、鲜明的特征以及强大的生命力。

教育公平是社会公平的重要基础。当前，促进义务教育均衡发展是教育公平的重点所在。下城模式中的"高位均衡"，是指着力打造优质的、特色的、多样的教育，不断提升教育的效益、效能，努力实现高水平的教育公平。其具体内容包括"三更"，即"更均衡、更公平、更充裕"。"更均衡"是指降低择校度，普遍提升教育质量，努力让每一个孩子在家门口就能享受充分而优质的教育。"更公平"是指要提高学生教育的满足感，要张扬学生的个性，把时间和空间归还学生，只有这样，才能让每个孩子都拥有幸福的童年和快乐的学校生活。"更充裕"是指进一步扩大优质教育资源，形成覆盖面更广、水平更高的学习化社会，构建完善的终身教育体系。为了落实"高位均衡"的发展理念和目标，下城区积极探索了多种发展方法和路径，包括形成再生性集团化办学模式、建设高水平教师队伍、打造现代化信息平台、关注弱势群体的教育权益等。譬如，仅就集团化办学而言，2009年《光明日报》曾专题报道："杭州名校集团化办学模式在兼顾公平与效率、适合与卓越的教育和谐发展问题上探索出了一条新路，给中国的教育均衡发展找到了一个突破口。"

教育质量是教育改革发展的生命线。教育公平和教育质量之间存在辩证关系。同样地，高位均衡和轻负高质之间也存在辩证关系。高位均衡既是自身的目的，也是实现高质量、高品位教育的手段。"轻负高质"的教育是一种体现素质教育思想，以促进学生全面和谐发展为目标，以轻负担、高质量为显性特征的教育形态。

"轻负"不等于没有负担，而是遵循学生身心发展规律，减轻不必要的负担，留给学生适当的自主安排时间，创设合理的活动空间。"高质"不等于考试分数高，而是促进学生德智体美全面发展，个性特长积极主动发展，知识能力、态度情感和谐发展。下城教育以基于生态理念的现代学校管理为基础，以教师、校（园）长、机关干部等教育人力资源的专业化发展为核心，以生态课堂教学为载体，以健全评价体系为动力，通过全方位、多层面、立体式的机制设计，探索出了一种"轻负高质"的发展模式。

下城教育工作者数十年如一日地凭借着对教育的情怀、情感、情结，以虔诚、平和的心态，专注于教育事业，特别是在教育综合改革实验区的助力下，成功营造了高品质教育生态，打造出高水平教育强区。今日的下城教育，是以"生命观"为教育生态系统发展的核心，构建出的和谐、人本、开放、可持续发展的区域教育；它是教育发展目标高起点、教育运行机制高效能、教师队伍高素质、教育环境高品位、教育质量高标准，促进人的可持续发展、终身发展、和谐发展的教育。因而可以说，这是一种具有强大生命力的教育！这是一种"好的教育"！

诚然，任何一种模式的确立，都不是一蹴而就的，它必然经历一个披荆斩棘、上下求索的过程。下城模式的诞生自然也不例外！本书真实地记录了下城实验区成立四年以来，下城教育在教育管理、科研、教学各条战线上发生的日新月异的变化，取得的丰硕改革成果，最为重要的是展示了"高位均衡、轻负高质"下城模式的诞生历程。本书分为三篇，分别为建设篇、发展篇和成效篇，共九章，每章具体内容如下。

第一章，以实验区启动为契机，打造下城教育新平台。本章首先从区域教育改革的视角探讨了教育综合改革实验区产生的时代背景和客观原因，区域教育改革是国家宏观教育改革与学校微观教育改革之间的中介，客观上需要有一种外在的强有力的力量来整合政府、社会和学校各方资源，以推动区域教育联动发展；其次介绍了下城实验区产生的原因和过程；最后对下城的区域基础教育质量观进行了阐述。

第二章，以改革创新为动力，开启下城教育新征程。本章从理念创新、制度创新和行动规划创新三个方面，介绍了下城教育现代化的顶层设计。在理念创新方面，下城教育在全国率先提出区域教育生态理论；在制度创新方面，下城教育以"大部制"思路改革直属单位管理体制，全国首创督评"一室两中心"组织架构，成立全国首家区级教育质量监测中心等；此外，还有集团化办学、特色品牌创建等多个特色项目的行动规划创新。

第三章，以院区共建为基础，探索下城教育新路径。本章介绍院区共建工作背景下，下城实验区的保障措施和运行机制。包括专家常驻——从科研队伍上保障了院区共建的落实，科研引领——院区共建的工作形态，合作分享——院区共建的互助共赢。

第四章，以课题研究为载体，引领下城教育综合改革。本章首先介绍了区域教育生态理论的缘起、发展和生成过程；其次采撷了首届全国教育生态理论研讨会的专家观点；最后介绍了下城区在区域层面，集团办学层面，社区、教师和课堂等层面的实践探索。

第五章，以特色项目为抓手，深化下城教育综合改革。本章从下城教育已实施的十余个特色项目中，选举了五个特色项目进行了具体介绍。一是建设教育学术之区，二是实施梯级名师培养工程，三是评选十大感动/影响人物，四是举办国际教育创新大会，五是建构教育沃态团队。

第六章，教育生态理念深入人心，思维转型样态显现。本章主要对教育生态理念如何成为一种教育自觉以及教育思维转型体现着怎样的教育责任与担当进行了阐释。

第七章，学术研究能力明显增强，科研水平整体提高。本章主要介绍了实验区背景下的教育学术之区的建设绩效、实验区教育学术研究的成果，并通过分析研究成果进一步展现了实验区整体科研水平的跃升。

第八章，区域教育发展均衡持续，教育质量整体提升。实验区通过立体化、多元化的改革措施，实现了区域内教育发展的均衡化、优质化及多样化，区域教育质量整体得以提升。本章主要对区域教育均衡发展的公平优质准则及教育质量整体提升并成为区域发展的满意因子进行了分析。

第九章，区域教育改革模式备受瞩目，教育典范效应凸显。本章首先列举了新华网、杭州日报、中国教育报等多家国内权威媒体对下城实验区教育改革的报道；其次介绍了中国教科院实验区之间的区际交流以及下城实验区对其他区域教育改革的辐射影响。

站在新的历史起点上，我们更加坚信区域教育综合改革事业的明天会更好！

由于时间、研究条件以及作者水平有限，书中不足及错谬之处在所难免，敬请专家学者和读者朋友批评指正。本书多有参考前人、同仁成果，谨此挚诚致谢。

本书编委会

2012 年 12 月

山寺月中寻桂子，
郡亭枕上看潮头

建设篇

第一章

以实验区启动为契机，打造下城教育新平台

第一节 区域教育中院区共建背景

我国幅员辽阔，区域经济文化发展水平极不平衡，而且这种不均衡状态在较长一段时间内还将继续存在，要实现区域的均衡发展，必须采取区域推进的方式和办法。从教育与区域经济、社会、文化的关系来看，教育承担着服务地方经济建设、支持地方的经济发展、培养与输送高素质人才的功能，教育是推动区域经济发展的基础动力。因此，区域教育发展对推动区域经济、文化等各领域整体发展有着至关重要的作用。教育部副部长鲁昕曾在杭州市下城区

召开的全国社区教育工作座谈会上指出：当前，落实教育体制改革试点正在全国推进，深化教育改革，创新教育模式，是《国家中长期教育改革和发展规划纲要（2010—2020年)》（以下简称《教育规划纲要》）的突出任务。区域教育改革是国家宏观教育改革与学校微观教育改革之间的中介，区域教育和相对微观的学校教育，是中观与微观的关系，整体与个体的关系。研究区域教育的发展，既体现了国民教育的方向和要求，又反映了区域社会经济发展对教育的要求，从而为区域内各级各类学校的发展指明了方向。

区域的异质性决定了研究区域必须与行政区划紧密地联结在一起，研究必须与行政联动，不同区域的经济、文化等因素都具有不同的特点，因而就有了区域经济、区域文化等说法。换句话说，区域经济、区域文化等都具有非常明显的区域特征，它们都带有区域演化和演变的痕迹，并具有非常强的自我完善、自我发展、自我适应的潜质。这种异质的现实化从根本上规定了区域的行政体现，也就是说，区域是一定行政区划内的区域，或者是多个衔接在一起、共性比较多的行政区划联合成的广义区域……说到底，就是区域只有与行政联姻才有被研究的意义。区域教育作为区域发展的一个方面，具有一定的行政区划特征，必然也有其行政体现。作为服务于教育决策、服务于教学实践的教育科研机构，中国教育科学研究院（前身为中央教育科学研究所，以下简称"中国教科院"）与区域政府、教育行政部门联动，认真研究区域内教育的特点，因地制宜地推动区域教育的发展。

而区域教育系统作为一个整体同时具有整体性、自组织的特点。而行政的科层制不可避免地具有分工明确、条块分割的界限，所以基于上述背景，应该有一种外在的强有力的力量整合政府、社会和学校各方资源推动区域教育联动发展。其中，教育科研机构作为这种外在力量的主体，通过参与决策助力行政领导层，为其冲破区域内部门条块界限提供种种咨询和服务。

第二节　下城综合改革实验区启动

　　教育改革的目的在于提升教育的质量，满足人民群众对优质教育资源的需求和期冀。义务教育全面实现普及后，基础教育发展进入了后义务教育时代。其最基本的特征是，教育的发展由"强调数量、规模的扩展"向"注重质量、内涵的提升"转变。《教育规划纲要》明确指出"把提高质量作为教育改革发展的核心任务"。如何提高基础教育质量，为推动我国教育事业的改革和发展作出新的贡献，中国教科院提出：建立教育综合改革实验区，区域推进教育改革。其工作方针是："院区共建、整体推进、科研引领、创新发

▲ 中国教科院下城教育综合改革实验区合作签约仪式

展"。其工作愿景是：全面提升综合改革实验区的教育质量，提炼实验区的教育经验，推广有价值的教育模式，形成迅速可靠的全国教育信息反馈机制，为国家教育政策的制定、执行和调整提供可靠依据，探索区域性推进教育改革发展的成功模式，为我国教育事业又好又快地发展作出贡献。

杭州下城区是浙江省杭州市中心城区，现有各类教育机构55个。其中：高中1所，九年一贯制学校5所，初中7所（含1所民办中学），小学17所（含1所民办小学），特殊教育学校1所，教育局办幼儿园16所（35个园区），直属单位8个。另外部门办、街道办幼儿园9所，民办幼儿园12所（15个园区），民办教育机构49个。下城区2007年通过了国家可持续发展实验区考评，被评为"全国科技进步先进区"、"浙江省规范教育收费示范区"。党和国家领导人胡锦涛、习近平等先后到下城区学校、幼儿园和社区视察指导工作，下城区以科技、教育、卫生、文体强区的建设成果，得到了胡锦涛总书记等中央领导和联合国教科文组织的肯定和关注。下城教育围绕打造"天堂福地、品质下城"，争创"生活品质之城示范区"，全面构建"全国一流的现代化和谐城区"的总体发展目标，坚持以实现"更均衡、更公平、更充裕"的小康社会教育为目标，努力营造高品质教育生态，打造高水平教育强区，争创全国一流现代化和谐教育，各级各类教育健康、快速、协调发展，区域教育均衡化、公平化、优质化程度不断提高。

区域教育发展需要典型引领。中国教科院通过对杭州下城区的实地考察，与下城区政府和教育行政部门充分沟通，于2008年5月16日举行了隆重签约仪式，全国首个教育综合改革实验区正式启动。

▲ 中国教科院院长袁振国在签约仪式上讲话

在签约仪式上，中国教科院院长袁振国指出：站在一个新的历史起点上，社会和人民向教育提出了新的要求，如何反映人民新的要求，满足人民的新期待，中国教科院正在寻求一种新的模式。与下城区政府的合作模式，就是这种新模式。针对中国教育发展的阶段性特征，针对面临的新形势、新任务，最重要、最有效的办法之一，就是区域性推进。这是引领教育未来发展的最重要、最有效的形式。这是由中国的国情决定的，也是由院所整体实力能够更好地服务于教育决策及教学实践的形式决定的。下城区作为区域综合改革实验区的首选之地有三方面原因：一是政府重视，二是教育行政部门、学校领导、教师各个层面充分认识到科研的重要性，三是符合下城教育"先一步、高一层"的理念追求。

▲ 时任下城区人民政府区长、现任中共下城区
区委书记的项永丹在签约仪式上讲话

　　时任下城区区长、现任中共下城区区委书记的项永丹在发言中表示,下城始终把教育工作摆在统筹经济社会协调发展、构建社会主义和谐社会的重要战略地位,按照构建全国一流的现代化和谐城区和争创生活品质示范区的目标,以办好人民满意的教育为宗旨,长期坚持教育生态理论的积极探索,优质教育惠及一方百姓,已经成为下城的一张"金名片"。下城区人民政府将以此合作签约为契机,在今后的教育活动中,认真贯彻专家提出的意见和建议,抢抓机遇,开拓创新,扎实工作,进一步推进教育综合改革实验工作,不断提高下城区教育事业的发展水平。

▲ 浙江省政协副主席徐辉在签约仪式上致辞

　　浙江省政协副主席徐辉在致辞中对下城实验区提出两点要求：第一，要高度重视，全面规划。全国第一家教育综合改革实验区，是一种荣誉，更是一种责任。所以，实验方案、时间安排、队伍组成，方方面面都要好好规划，严格按照规划去落实。第二，要脚踏实地，持续发展。一个区的教育实验不是三五年能完成的，要有长远发展的目标，不要因为领导的更替、机构的变更影响综合改革实验区的发展，省委领导对下城的教育综合改革实验，寄予希望，满怀信心。

▲ 下城区人民政府副区长何伟（右一）与领导
　来宾出席签约仪式

省教育厅副厅长张绪培、杭州市教育局局长徐一超等领导都发表了热情洋溢的致辞。下城教育综合改革实验区的建立充分体现了《教育规划纲要》的改革精神和改革方向。

第三节　建构下城区域教育质量观

促进教育公平和提高教育质量是现阶段我国基础教育改革发展中需要破解的难题。建设下城教育综合改革实验区是推动区域教育改革，提升区域教育质量的一种创新之举。在强调基础教育质量观的前提下，应当保证教育的本质追求，追寻教育的公平和正义，但面对区域经济、文化的发展以及复杂的教育社会现实，如何以正确的理念来应对各种复杂的现实，如何从伦理和公平正义的角度去把握，如何使得国家的宏观战略规划得到坚决的贯彻与实施，而不至于在改革实践中发生偏离，需要在行动中构建区域基础教育质量观。首先，高质量的教育总是和轻负担联系在一起的。在一定区域内，高质量的教育是一个由人、社会、自然组成的复杂多线程的教育生态系统。在这个系统的因子构成中，既有学生的预习质量、听课质量、作业完成质量，教师的备课质量、教学质量、作业批改质量，也包括教学硬件环境质量、教育社会环境质量等。而轻负则是实现高质教育追求的重要过程。在这种持续发展的过程中，教育质量没有"最好"的状态，只有"更好"的追求，在实现"更好"的动态循环过程中，达到高质量的教育水平。其次，质量反映为特色和个性。区域经济、社会、文化、人口等的区际性与差异性特征，决定了区域教育发展的多样性，意味着提升教育教学质量途径的多样化。

　　下城区从 2000 年起，坚持实践探索适合本土文化的教育理论体系，即区域教育生态理论。该理论以生态哲学、生态智慧、生态原理为理论基点，以人的生命生存和质量提升为起点与归宿，既是一种教育哲学思想，也是一种教育实施策略，其核心价值有三。一是多样性。教育是以人为对象的社会实践活动，其内涵是丰富多彩的，其关系是盘根错节的。同时，人的复杂性决定了它比自然世界更复杂、更丰富、更多样。多样的，就是差异的。越是差异的、多样的，就越是公平的、和谐的。多样，就有生命力，就有竞争力。二是协同性。一个系统内的各要素之间存在着相互作用。教育生态系统包含了社会、学校、教师、学生等多个要素，各要素之间是相生相克的关系，既相互竞争、制约，又相互依赖、促进。越是协同的、整体的，就越是协调的、共生的。协同，就有聚合力，就有扩张力。三是自主性。教育生态理念的核心是倡导教育主体的自主发展与全面发展。教育主体不仅有发展的内部力量，而且应当有一种"发展自觉"。要不断激活教育主体的潜能，促进其实现自我调节、自我平衡，从而由"被发展"转向主动发展。越是自主的、自觉的，就越是生动的、持续的。自主，就有内驱力，就有持久力。

　　鉴于此，下城教育综合改革实验区在建立伊始即提出建构"高质量的教育公平"。它是以促进教育公平为基本价值取向，以提高教育质量为重点，倡导符合社会、教育和人的发展需求的新教育质量观。

　　从生态学的视角分析，下城区域教育质量观具有三个维度。

　　一是普适性。关注全体，保障人人都有接受教育的机会，这是最基本的追求。联合国教科文组织倡导全纳教育思想，其基本理念就是：学校应接收所有儿童，而无论其身体、智力、社会、情感、语言或其他状况。教育是一种培养人的活动,根本目的在于使人的身心获得全面、自由、健康的发展。教育的这一定义本身就蕴含了教育应该面向所有的个体。

二是选择性。关注全面,能够为不同的个体提供适合的教育,这是更高水平的追求。西方学术界也有这样的观点:给每一个人公平的机会,并不是指名义上的公平——机会公平,而是要肯定每一个人都能受到适当的教育,而且这种教育的进度和方法是适合每个人的特点的。这意味着,教育公平要突出受教育者的个性差异,即过程更要公平。每一个生命个体都是一个独特的存在,没有重复,各有特色。教育公平绝不是让每一个人都接受相同的教育。

三是终身性。关注全程,要面向全社会和全体劳动者,认同并支持每个社会成员的学习需求,这是本质意义上的追求。用宋代思想家朱熹的话概括,就是:"无一人不学,无一时不学,无一地不学,无一物不学。"在教育生态视域下,是指无论何时、何地、用何种方法,所有人都能通过教育获得适应社会发展和变化所必需的再生性学习能力,即生存能力。

在区域教育质量观的指引下,下城教育以尊重生命的个体差异为基础,努力提供高水平、多样性的教育,最大限度地满足学生个性化的教育需求。下城教育开始从数量满足向质量满足阶段转变,从传统的"寻找适合教育的孩子"向"寻找适合孩子的教育"转变,不断深化"高位均衡、轻负高质"实验模式,努力探求先行先试的经验和特色。

第二章

以改革创新为动力，开启下城教育新征程

第一节　创新理念体系，
引领区域教育现代化发展方向

　　教育理念是人们对教育活动内在规律认识的集中体现，同时也是人们对教育活动的看法和持有的基本态度和观念，是人们从事教育活动的信念。教育理念有理论层面、操作层面和学科层面之分。明确表达的教育理念对教育活动有着极其重要的指导意义。区域教育要加快现代化发展步伐，必须有科学的、符合本土实际的教育理念体系来引领。近年来，下城区立足中心城区的特定区域优势，长期坚持探索符合下城实际、适合下城教育发展的教育理念体系。经

过长期的总结、提炼，逐渐形成下城教育的核心理念体系，并以此作为下城实验区改革发展的顶层设计。

一、核心理论：区域教育生态理论

▲ 国家级课题"以教育生态理论促进区域教育现代化的实践研究"开题会

基于对教育庸俗化、同质化等现象的认识以及对教育危机的应对，下城多年探索并实践区域教育生态理论，掌握了区域教育发展的基本规律，确立了下城教育的核心价值观，形成了下城教育的科学发展观，在全国率先形成区域教育理论体系。区域教育生态理论的核心理念是生命观；核心目标是高位均衡、轻负高质；核心内涵是教育公平；核心特征是多样性、协同性、自主性。该理论被写进下城区委、区政府的工作报告和各类文件中，并相继被区委、区政协作为专项调研课题，其研究创新成果得到权威部门的肯定与认同，新华社、《人民教育》等国家级媒体和学术期刊先后刊发专题报道，引起了教育同行的高度关注。2008 年上半年，下城区成功举办全国首届教育生态理论研讨会，与会专家评价教育生态理论是全国率先形成的具有区域特色的教育理论，在当前具有样本意义。同年 8 月，课题"以教育生态理论促进区域教育现代化的实践研究"被确立为国家社会科学基金"十一五"规划 2008 年度教育学国家一般课题，是当年获批的 68 项国家级立项课题中唯一一个由县区级教育行政单位申报的课题。

二、核心目标："三二一"教育发展目标

"三"，指"三更"，即更均衡、更公平、更充裕。

更均衡是降低择校度，更公平是提升满意度，更充裕是增强幸福度。努力办好每一所学校，努力让更多的孩子接受更好的教育，努力让每一个孩子都能在家门口就能享受充分而优质的教育，努力让每一个孩子都不输在人生的起跑线上，这是下城教育的一贯追求。

"二"就是"两高"，即营造高品质教育生态、打造高水平教育强区。

以"生命观"为教育生态系统发展的核心，构建和谐、人本、开放、可持续发展的区域教育，实现教育发展目标高起点、教育运行机制高效能、教师队伍高素质、教育环境高品位、教育质量高标准，促进人的可持续发展、终身发展、和谐发展。

"一"就是"一流"，争创全国一流现代化和谐教育。

这是动态发展的概念，是一种价值取向，是受教育者按素质教育的要求得到更好发展的策略，是各要素综合优化的高质量、高效

率、高效益的教育，是真正体现"以人的全面发展为本"的教育。

三、核心思路："三三三"教育发展思路

第一个"三"，即三类教育，"活两头，强中间，优全盘"，实现网格式发展。努力构建学前教育、义务教育、社区教育三类教育"高密度、低重心"网格式的发展模式，即三类教育在全区高密度分布，优质教育覆盖全区，全力打造下城教育"金三角"。

第二个"三"，即三区教育，"优化南区，做强中区，加快北区"，实现错位式发展，推进三个区域实现"百花齐放，优势互补"的错位式发展格局。

第三个"三"，即三个满意，让"学生满意，家长满意，社会满意"，实现联动式发展。坚持"以人为本，内强素质，外树形象"的工作主题，全力推进"三满意"争创活动，呈现"小手牵大手，小家带大家"的三个满意联动式发展态势，努力办好人民满意的教育。

四、核心精神："先一步，高一层，可持续"教育精神

"先一步"，即理念超前，坚持创新，先人一拍，体现发展速度。

"高一层"，即追求品质、品位，高人一筹，实现高位发展，体现发展高度。

"可持续"，即追求优化生态，注重制度，长效发展，体现发展长度。

下城教育中心的标志同样蕴含着教育生态理念。它的创意来自树、书、人、初升的太阳；它的主色是绿色，代表生机；它的图案表面上看，是三棵交叠的树形，等高、等距、等大，下面是灵动的土地，中间黄色部分似一本打开的书，与白色的圆点组成一个正在阅读的人，整体又似一株小树沐浴着阳光努力成长；它的寓意核心

▲ 下城教育中心标志

是人，体现以人为本，以生为本的生命观，象征着在教育生态观的指导下，注重三类教育协调发展，"三"为"多"，象征着为每一个孩子提供充分而优质的教育，象征着下城教育蓬勃发展。

第二节 创新制度设计，
夯实区域教育现代化发展根基

资源犹如蛋白质，制度就是 DNA，它决定区域教育的发展走向。近年来，下城按照教育现代化的要求，以教育生态理论为引领，自觉遵循教育规律，加强制度研究，创新制度设计，积极探索科学的教育管理机制，形成以规则遵循规律，用规则看守教育的良好机制。

一、改革直属单位管理体制，优化教育指导服务

下城教育系统以"大部制"思路推进机构改革，将进修学校、

教研室等 9 个单位的行政职能剥离，整合组建成教育研究发展中心、社区教育中心、教育后勤服务中心、教育技术中心和会计核算中心；以中介、服务功能替代原来的行政职能，实现从"管理—指导"型向"指导—服务"型的转变，从根本上确保教育服务落到实处。近年来，围绕创建全国一流现代化教育及构建区域特色教育体系的要求，积极筹建、推进教育质量监测中心、亚太地区社区学习资源中心以及中国教科院下城教育生态研究中心建设，基于直属单位的指导、服务职能进一步延伸。

▲ 中国教科院下城教育生态研究中心授牌成立

二、拓展教育督导评估体系，促进学校规范办学

全国首创督评"一室两中心"组织架构，在区督导室框架下，成立学前教育督导评估中心、社区教育督导评估中心，逐步完善适合下城终身教育体系的督导评估体系。在此基础上，依据国家教育法律法规以及省市教育行政部门的相关规定，拟定区域推进"轻负

高质"工作意见，通过开展综合办学水平督导评估、教育发展性评估、体卫艺专项督导、学生体质专项督导、课业负担专项督导、专职督学"随访督导"等工作，促进学校坚守"三条底线"，实现"四个转移"，依法规范办学。一旦发现学校有课程设置不规范、违规办班等行为，即予以通报批评，责令限期整改，并在各类综合先进评比中实行一票否决制。

▲ 下城区教育督导室被评为杭州市教育督导先进集体

三、构建教育质量监测体系，引领教育科学发展

针对分数至上等评价现象，成立全国首家区级教育质量监测中心，由区政府主要领导担任领导小组组长，由教育、财政、人事等10个部门主要负责人组成领导小组，教育局主要负责人任监测中心主任。该中心被联合国教科文组织确立为"全民教育质量监测联络中心"。中心以促进教育公平、全面实施素质教育为目标，通过建设教育信息数据库，探索、研制基础教育质量评估体系，引领中

小学关注全体、全面、全程的教育质量，推动全区教育健康、持续、快速发展。同时，建立教育质量指导督察制度，定期召开教育质量分析会，科学研究教育质量现状，总结成绩，查找问题，分析原因，研究对策，强化科学的教育观、质量观和人才观。

▲ 下城区举办基础教育质量监测与评价研讨会

四、推进现代学校制度建设，形成自主发展机制

着力建设学校内部自主发展机制，进一步明确学校的定位与职能，规范学校与政府、家庭的关系，促进学校依靠政府、服务社会，提高教育为民服务的质量与效率。构建新型政校关系，形成校本管理体系，建设现代学校文化，建立科学的管理考评体系，健全社会参与机制，推动中小学实现自我管理、自主发展。加强现代学校章程建设，组织开展校园章程评审工作，确保"一校一章程"。开展"依法治校"示范校评比工作，开发出全省首部区域性中小学生法制教育读本，推进依法治教、依法治校工作。

▲ 下城区第三届依法治校工作研讨会

五、创新终身教育建设体系，打造下城教育"金三角"

▲ 2008 年下城区教育超市咨询服务现场

　　始终坚持"活两头，强中间，优全盘"的发展思路，统筹规划、发展各级各类教育，全力打造下城教育"金三角"，力争实现学前教育、义务教育、社区教育高位均衡、优质协调发展。特殊教育实行全免费教育；在全省率先启动青少年空间试点工作，开通亚太地区社区教育资源中心网站"享学网"；每年举办一届"教育超市"、"教育公园"教育服务活动，举办市民大课堂，成立社区学院老年学堂，不断完善终身教育体系。

20

第三节　创新行动规划，

全面提升区域教育现代化水平

　　按照个性化、多样化、现代化、国际化的价值取向，以国家级课题"以教育生态理论促进区域教育的现代化实践研究"为抓手，创新行动规划，努力实现教育项目优质化，寻求教育功能最大化，不断提升教育现代化水平。

一、集团化办学——扩张优质教育资源

　　围绕全区"南精北快"的发展目标，坚持"聚变—裂变—再聚变—再裂变"的思路，独创嫁接办学、联盟办学、移植办学、优特办学等模式，形成再生性集团化办学模式。全区中小学、幼儿园重建形式多

▲ 下城区集团化办学工作推进会

样的教育集团，遍布全区东西南北中，促进区域教育的均衡化、公平化、优质化、平民化水平不断提高，区内择校率争取逐年下降。全区100%中小学要与农村学校结对，缩小城乡间差距。

21

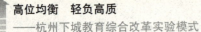

二、特色品牌创建——呈现多样优质态势

在区域教育生态理论指引下，以教育现代化为目标，立足于教育的多样性和差异性，积极开展"教育特色品牌建设"活动。经过前期多年的探索和实践积淀，以及"教育文化年"和"教育特色品牌建设年"的挖掘、整理，呈现多元性、原生性和完整性特色，开展争创"三满意"、初中教育高地、小班化教育、教育超市、教育公园、教育收费阳光工程、梯级名师培养、市民大课堂和"携手'1＋6'健康进万家"等系列活动。在实验区建设中，全区中小学要结合学校实际，积极开发校本特色课程，举办科技节、艺术节、读书节等丰富多彩的校园文化活动，为学生个性、特长发展创造条件。

▲ 下城区"携手'1＋6'健康进万家"活动展示

三、人力资源建设——涵养优质人才团队

　　教育事业要发展，人才是关键。下城教育局本着"尊重教师、相信教师、依靠教师、善待教师"的思想，努力为教师创设良好的成长环境，促进一线教师的专业成长和精神成长，不断消除教师的职业倦怠。下城教育系统设计"主粮＋杂粮"① 的培训知识体系，实行"培训机构出培训菜单，教师自选培训菜单，区教育局出钱埋单"的"三单"培训形式，围绕专业内容和综合内容开展培训工作，提高教师综合素质；实施"梯级名师培养"工程，为各个层次教师成长搭建更宽广的平台，设计更高层次的目标，激发每一个教师发展的积极性和主动性，激励教师整体素质不断提升；实行"名师共享"制度，促进学校间教师资源的均衡配置，实现优质教育资源效益的最大化；开展"教育因你而美丽"——感动人物评选活动，关注一线的教职工和家长，传递对每一个普通劳动者的深深敬意。

▲"三单"培训

────────────

　　① 所谓"主粮"就是学科教学的专业内容，包括教育基本理论知识、学科知识、教育教学实践的基本技术与方法、现代教育技术、教育科研方法、操作性实践与指导等；而"杂粮"指的是现代人的通用知识，如时事政治、法律、商业、金融等有关知识和信息。

四、学术之区建设——深化教育发展内涵

　　学术研究是教育科学发展的前提，是探求教育规律的根本途径。2008 年，下城实验区按照"学术强教、学术优教"的指导思想，全面启动教育学术之区建设，在继续深入开展"教育文化"与"特色品牌建设"的背景下，打造教育学术之区，意在通过科学化、学术化的研究，推进各种研究项目的落实，探索干部与教师队伍成长的有效机制，促进教育特色品牌建设，保证教育决策质量，提升教育教学品质，最终实现下城教育均衡、公平和可持续发展。

▲ 2008 年下城区教育学术之区建设推进会

　　为此，首先，下城实验区确立教育科研在教育事业发展中的战略地位，提出教育科研工作要立足下城教育实际，做到五个结合，即教育科研要与区委、区府和教育局的中心工作紧密结合，要与教育文化建设、教育特色品牌建设有机结合，要与新一轮课程改革有机结合，要与干部、教师队伍建设有机结合，要与全面提升教育品质有机结合，高位运行，重心下移，促进下城教育又好又快发展。

其次，下城实验区加强规划，以教育学术之区建设统领全区教育教学工作。教育学术之区建设要求：高度关注新一轮课程改革，关注课堂教学，关注学生成长，积极鼓励全体教师参与教科研工作，广泛开展以校为本的研究活动，并与校本培训、校本教研有机结合，形成教研、科研、师训一体化的良好格局。加强校际研究共同体的引导和培育，广泛开展科研沙龙、课题研究、教学研讨等形式多样的研究活动，努力提升基层校（园）的教科研能力。加大与省内外高等院校、教科研机构的合作力度，通过建立实验项目、实验学校、实验区等形式，合作开展教科研工作。充分发挥教育学会、研发中心等机构的引领作用，等等。

对于事关全局发展的热点、难点，下城继续推进和实施重大课题招标制度，并不断完善招标形式和管理办法，努力追求效益最大化。

为大力营造"教育学术"氛围，下城教育系统规划设计了一系列活动平台，如：广泛开展"草根研究"，开设学术大讲堂，开办教育质量分析、课程改革等专题研讨会。

五、对外交流合作——拓展教育发展视野

区域教育要实现科学发展、和谐发展和跨越发展，必须在更大的范围去配置资源，把自主发展与借势、借力、借智发展结合起来，以大开放促进大发展。下城教育按照"不求所在，但求所用"的思路，积极开展对外交流合作，开拓教育视野。一是创新大会开拓国际视野。继续以"中国杭州国际教育创新大会"为平台，充分发挥联合国教科文组织 APEID 中心、亚太地区社区教育资源中心、

▲ 下城区人民政府区长吴才敏在国际教育
　 创新大会上讲话

联合国教科文组织全民教育质量监测下城中心等机构的作用，扩大对外开放，广泛开展国际交流，努力提升下城教育品质。二是以区域教育综合改革实验探索现代化样本。下城作为全国首个教育综合改革实验区，建立实验区向教育部领导和有关司局的专报制度，开通教育综合改革实验区网上专门频道，共同探索打造"中国特色区域教育现代化样本"，为在全国推进教育现代化提供借鉴。三是搭建平台开展多元交流。鼓励区内学校与美国、澳大利亚等国的学校结成"姐妹学校"，开展互动交流活动。与团省委合作，在全省率先启动青少年空间试点工作。借鉴香港青年协会的服务模式，在社区设立青少年综合服务场所，为青少年提供游戏娱乐、兴趣学习、拓展训练等多方面服务。与浙江大学教育学院建立全面合作关系，双方在体制创新、教育研究、人才培养等方面进行合作，设立浙江大学教育学院实验学校，共同推进下城教育现

▲ 下城区人民政府副区长洪明主持国际教育
　 创新大会

代化建设。四是社校联动促进开放办学。本着就近就便的原则，充分利用区域周边的第二课堂教育资源，推出"馆校共建"、"场馆进校园"、"课堂教育进场

▲ 联合国教科文组织巴黎总部基础教育局局长
Mmantsetsa Marope 在国际教育创新大会上作主题报告

馆"等模式，将校内学习的书本知识和校外实践有机结合起来，发挥教育的最大实效。积极建设青少年校外教育基地、劳技科技中心，不断丰富校外活动资源，拓宽学生的学习生活空间，着力提升学生的综合素养。重视学校与社区的教育合作，学校通过组织社区共建、社团活动、社会实践等方式，引导学生走进社区，关注生活，关注社会，充分挖掘社区的教育资源和课程资源，为学校发展和学生成长服务。同时，学校场所向社会全面开放，全力支持社会开展各项活动，形成资源共享、优势互补的良性互动机制。

第三章

以院区共建为基础，探索下城教育新路径

　　"院区共建"是研究和把握教育规律的重要方式，是推动区域教育综合改革的关键。院区共建区域教育综合改革，强调构建集聚院区及社会各方力量开展区域教育综合改革的联动体，整合学术共同体的学术资源或教育智慧、院校专家和其他智力资源精心开展指导工作，并由以科研专家为主构成的智囊团对区域政府决策行为开展咨询服务，为区域科学教育决策及其实施提供了有力保障。下城实验区建立伊始就确立了组织保障、科研先导、合作分享等院区共建的核心工作，推动区域教育综合改革创新发展。

第一节　专家常驻——院区共建的队伍保障

中国教科院派出由多学科的研究人员组成的专家组常驻实验区，以便围绕合作研究项目进行指导，开展合作实验，破解区域教育发展难题。自 2008 年 5 月起，中国教科院尽全院之力，聚全院之员，致力于区域推进教育综合改革的理论与实践探索，相继派出四届专家组，共十七位专家常驻下城实验区，积极、稳步、快速推进各项工作，探索区域推进教育综合改革发展的成功模式。

专家常驻，是院区共建、推动区域教育创新发展的基石。下城教育综合改革实验区工作模式新、起点高、影响大，中国教科院在下城实验区项目的具体实施，依托中国教科院全国教育资源，由实验区常驻专家组与下城教育局共同负责实施。专家组组长直接对中国教科院负责，定期向院领导汇报实验区工作，中国教科院对专家组的工作给予经常性的指导和监督。

专家常驻，规避了短期效应，有效地提高了实验效果的信度和效度。教育综合改革实验具有周期长的特点，要有预见，有预测。正如教育部部长袁贵仁所言："教育是一个全民族的实验，是一个周期很长的实验，它不能够想做什么就做什么，想到什么就做什么。因为对孩子来说，不允许我们有失误，你做错了，回过头来重新做，那是我们整个民族的失误。"①

专家常驻，理论与实践相结合，可以更好地规划行动研究。下城实验区的教育科研以行动研究为主，其特点不是建立一个解释客

---

① 袁贵仁. 教育是一个全民族的实验 ［EB/OL］（2011－04－07）［2012－11－01］. http://www.xuexigang.com/ycjy/shengyin/47912.html.

观事物的理论，而是实践者对自己行为的反思，并不断矫正自己行为的研究方式。就是说，它的目标是改变，而不是说明。由于行动研究不仅是一种方法，而且是一组方法，是一个研究系列，专家常驻下城区，既有先进的教育理念引领，又熟悉下城教育现状，有助于行动研究的顺利进行。

一、绿色通道

专家组定期与下城区领导交流工作信息与改革思路，及时把握下城实验区改革的宏观方向。专家组与区教育局领导在首创"绿色通道"后，又与下城区人民政府架设"绿色专线"，与区人大、政协领导间进行"绿色约谈"。在此基础上，专家组积极拓展与区教育局研发中心、教育生态研究中心、学校、教师等方面的对话机制；丰富和完善"绿色通道"的内涵与外延。绿色通道属于直线职能制组织结构，专家组组长可以无障碍列席党委会、党政联席会等重要的决策会议，参与教育局各项重要改革事务的决策。"绿色专线"和"绿色约谈"，使得专家组和实验区领导能零距离接触，共商实验区发展大计，既有利于保证实验区政府集中统一的指挥，又可充分发挥专家的作用。

▲ 下城区人民政府副区长沈凯波在实验区
工作推进会上讲话

管理学强调：领导方式直接决定领导水平。在教育管理体系中，让下属长期处在执行层面的领导，他的领导力处于一个稳定的水平，就是他自身的能力所能达到的高度和执行过程中能够实现的高度。实施"绿色通道"机制，有助于最大限度地发挥下属的主观能动性和创造力，对于来自下属的呼声、意见和建议，犹如开通了"快速反馈通道"和建立了快速高效的处置机制，有助于区域教育改革抓落实，及时排除纷扰，化解矛盾，从而使教育管理达到一种顺畅高效的水平。

二、联合调研

联合调研是指由常驻专家和下城区的教育管理者、教师等共同组成调查团队，以当前的教育事实为对象，通过访谈、问卷、观察等方式进行测验，并借助报刊、网络等收集资料，广泛听取社会意见，共同分析区域教育的现状和问题，探寻区域教育发展的新形势、新动向。下城区为了达到"轻负高质"这一目标，专家组积极与区教育局督导室、教育研究发展中心、教育质量检测中心等职能部门一道，共同开展教育质量大调研系列活动，走访区内30多所学校（园）、听课百余节，举行师生座谈会、学科质量诊断会等，剖析存在的问题，寻找到有助于教育质量提高的生态课堂之道。

联合调研，有助于明了教育的现状，总结先进的教育经验或揭示存在的问题，并提出解决问题的新见解、新理论，从而推进实验区教育综合改革的发展。联合调研，为教育行政部门制定教育政策、教育规划、教育改革方案提供事实依据，有助于研究和决策的科学性。

联合调研，必须进行问题聚焦。通过对影响区域发展变量的分析，聚焦制约和促进区域教育发展的核心要素，确定推进区域发展核心问题。通过联合调研，研究者将下城区实验之初的生态课堂、社区教育、集团化办学等专题，区域教育生态理论、"高位均衡"、"轻负高质"特色等，逐步拓展为下城区实验模式和综合改革模式。

联合调研，重点剖析热点、难点问题。区域教育发展，既要重视教育自身的规律，也要重视处理好教育系统与区域社会大系统之间的关系。联合调研，就是要分析制约实验区教育质量提高的特殊矛盾，研究区域教育发展的新形势以及需要解决的热点和难点问题，如入园难、入园贵问题，中小学生负担过重问题，择校问题，教育费用负担重问题，学风不正问题，教师和学生素质问题，考试招生制度改革问题等，都要重点剖析，妥善解决。

第二节 科研引领——院区共建的工作形态

教育改革的任何措施，都要以教育科研为先导，正如国务委员刘延东在第四届全国教育科学研究优秀成果奖颁奖暨中国教科院成立大会上所指出的"强国必先强教，强教必兴科研。教育科学研究是认识教育规律的重要工具，是促进教育改革发展的重要保证"。中国教科院建立教育综合改革实验区、区域推进教育改革工作的方针是："院区共建、整体推进、科研引领、创新发展"。科研引领是指在专家带领下，通过实验区教育工作者全员参与教育科研活动，提高全体教育工作者素质，解决教育综合改革中的实际问题，提高教育质量和效益，实现区域教育内涵发展。

科研引领，是"一把手"工程，既是科研兴区的基础，也是科研兴校的保证。没有超前性的区域教育的科研引领，就没有区域教育综合改革的创新发展。凡是教育科研搞得好的单位多是一把手亲自抓。一把手不仅要牢固树立"科研兴区"、"科研兴校"的战略意识，而且亲自抓教育科研。一把手亲自抓科研，有助于区域形成良好的教育科研氛围。

科研引领，是全员参与工程。要达到"科研兴区"、"科研兴校"的目的，仅靠区长、局长、校长、专业技术人员和教学骨干是远远不够的，必须树立教育科研全员意识，使教师全员参与教育科研。要正确处理教师与科研兴校的关系：一是师兴科研，二是科研兴师。教师是科研兴校最主要的力量，科研兴校必须依靠教师，需要教师全员参与，即师兴科研。教师在科研兴校实践中实现专业化发展，进一步提高教育教学素质，即科研兴师。实践证明，科研引领，可以促进教师专业化水平的提高，促进教师从"经验型"向"研究型"的转型。

▲ 专家组参加杭州市安吉路实验学校教育
科学规划课题结题鉴定会

　　科研引领，重点是课题引领。课题的选择是教育科研的起点，是探索的第一步，选择好合适的课题等于成功了一半。在推进区域教育综合改革中，要对影响区域教育发展的核心变量加以聚焦并设计为重大课题。课题研究由专家组成员与实验区的教育人员共同参与，在专家组的指导下展开具体研究。以此为依托，提升了区域教育发展品质，打造了教育学术之区。

　　科研引领，是专家组推进实验区教育综合改革的基本途径。科研引领作为一种科研服务形式，在下城实验区发挥着重要作用。在专家的带领下，实验区教育工作者参与课题项目确立、可行性研究、项目设计及实施、项目监评等全部过程，从根本上促进了区域教育发展难题的破解以及教育工作者队伍的专业成长。下城区通过科研引领，构建生态课堂，积极实践"轻负高质"，深入推进素质教育。

　　下城实验区从学前教育行动计划、名校集团化建设的创新、区域教研体制的改革、优质教育资源的配置模式探索、回归课堂教学本源、亚太社区教育资源中心建设等几个方面具体实施，以集团化办学的"下城区模式"、区域教育特色教育理论以及"课堂节"为代表，实验区形成再生性教育生态发展模式。实践证明，科研引领，使得区域教育综合改革健康发展。

一、过程指导

　　过程指导是指在综合改革实验的全程中，常驻实验区专家组要加以指导。实验性是教育综合改革实验区工作的基本特征，在特色学校建设中，包括从特色学校概念界定——到特色的凝炼（既要有一般学校的共性，又要有其鲜明的个性）——到特色的培养（先进性、科学性、稳定性）——再到特色学校经验的推广，下城常驻专家组均进行全程指导。

过程指导，是分层次的。宏观的是指在促进区域教育改革的科学设计、科研引领、科学决策、科学发展的全过程中，专家组要加以指导。下城区以生态课堂实验为突破口全面推进义务教育"轻负高质"，奋力实现区域教育的"高位均衡"发展。在此基础上，通过专家的指导，打造出符合素质教育思想、新课程理念的有效课堂。中观的是指教育工作者在课题申报、课题研究、实验操作和课题结题过程中，专家组要加以指导。下城区的国家级课题全程得到专家组的指导。微观的是指教育工作者在诸如撰写论文（涉及确定问题—查阅文献—收集资料—分析资料—得出结论）的过程中，专家组要加以指导，乃至对一个学术概念的界定，专家组也要加以点拨。

▲ 中国教科院专家在杭州长江实验小学指导

过程指导，贵在坚持。常驻专家组通过参与下城教育行政部门主要会议、参加学术报告及沙龙、听课、校长访谈、师生座谈、学科质量跟踪诊断等途径，为基层提供全面指导。这种深入、及时、全程、有效的指导，深受地方政府、社会和学校欢迎。尤其在提高校长和教师素质方面，指导作用更为显著。

二、决策参与

决策参与是指常驻专家组通过直接参加实验区教育局党委办公会、局长办公会，列席务虚会暨局务会、参加局机关主持的各种形式的调研会以及为校长决策直接提供咨询服务等形式，参与并影响实验区出台各项重要改革举措。下城专家组全程参与实验区各项教育改革方案的制订过程，为实验区提供科学、理性的决策咨询。

决策参与，实质是科研参政。区域教育科学决策的过程主要是专家和政府通过咨询论证、民主协商等方式，相互融合的过程。常驻实验区专家组参与地方教育行政，与地方政府教育决策行为"深度结合"，敦促地方教育行政部门进行调查和分析，做出决策和采取相应的行动。

决策参与，重点是专家组参与教育发展规划的制定。从教育的整体性、综合性特点出发，常驻专家组都十分重视区域教育规划的研制工作。下城专家组直接参与区域中长期教育发展规划的制定，对区域教育改革与发展中带有全局性、战略性的课题进行咨询论证、评估审议，为区域教育宏观决策"把脉诊断"。诸如学前教育行动计划的制订、集团化办学体制创新工作、亚太社区教育资源中心建设、国际教育创新大会筹办等重要改革举措、重大事项的论证决断，都及时听取了专家组的意见。

决策参与，有助于实验区政府职能的转型。在区域性推进教育综合改革实验中，专家组参与决策，促进教育行政向研究型、学习型、科研型行政转型。下城区教育局将局务办公会议程细化，分为研究性议题、探索性议题、常规性议题等，推进了教育行政工作方式的转型。

三、院校加盟

院校加盟是指中国教科院的学术共同体、高校的教科研工作者和其他智力资源共同参与实施区域教育综合改革。院校加盟，其推动力在于地方政府与教育行政领导。地方政府与教育行政领导具有协调关系、分配资源、制定政策的能力，他们在院校加盟中具有关键作用。

院校加盟，需要全社会的共同努力。虽然实验区常驻专家组成员的学科专业特长有一定的互补性和多样性，但面对教育综合改革这一复杂的社会系统工程，其力量仍显单薄。因此，除常驻专家外，中国教科院的学术共同体的学术资源和教育智慧，院校专家和其他智力资源，对于实验区教育综合改革走向深入都具有重要的意义。中国教科院教育督导评估研究中心到下城区调研指导区域教育质量监测工作，与下城区教育研究发展中心共建项目计划书，合作开展"区域教育现代化质量监测与评估体系"课题研究。浙江大学教育学院教育生态研究所人员根据下城区教育发展需要，不定期提供国内外教育发展的前沿信息，为下城区教育科学决策服务，并合力办好中国杭州国际教育创新大会。

院校加盟，有助于形成下城的区域特色。因为大多数教育问题

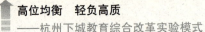

实质上都是区域教育问题，允许一些地区先走一步（包括设立各种改革实验区），率先改革，率先突破，再不断扩大实验，整体推进，逐步创立我国社会主义初级阶段区域教育理论。下城区"高位均衡、轻负高质"的改革实验，就是院校加盟的结晶。

院校加盟，体现了院区共建的互助共赢。院区共建是由中国教科院的使命决定的，就是要为国家决策服务，为教育一线的改革发展服务，为中国的教育思想和模式能够走出去服务。院校加盟，锻炼和打造了两支队伍。实验区基础教育一线是研究人员成长的一方沃土，院校加盟不仅助推了实验区教育人才与研究型教育团队的成长，而且锻炼了中国教科院和高校的科研队伍，形成了主动有效服务地方教育的趋势，并自觉向新型科研方式转型。

第三节　合作分享——院区共建的互助共赢

一、区际联动

区际联动是指中国教科院坚持以"资源共享，形成机制，区际联动，整体发展"方针为指导，在总结教育综合改革实验区经验的基础上，通过实施信息公共服务平台建设计划，增强区域教育的辐射效应，以小区域带动大区域，推进全国教育的整体均衡、优质发展。第一是区内联动和区间联动。教育局局长直接交流对话。在继续巩固专家组之间对话机制的同时，加强各实验区教育局局长之间的直接沟通和交流，提高联合行动的实效。第二是资源共享。进一步加强各实验区之间对信息、技术、课程、人力、培训等优质资源的共享力度，最大限度发挥资源整合的优势。第三是联动项目与集体攻关。围绕区域教育发展和实验区建设共同关注的重要议题，设立并展开各实验区共同参与的联动项目。各实验区之间紧密合作，协同作战，集体攻克区域教育发展的热点和难点问题。第四是实施联动计划，实现信息共享。联动计划包括区域教育发展模式研究计划、区域教育均衡优质发展计划、教育质量监测计划、教育人才队伍提升计划、区域教育国际化推进计划、区域教育异地巡回展示计划、实验区实验成果推广和宣传计划、实验区教育发展评价与争优评比计划等。中国教科院通过搭建实验区之间的区际联动平台，强化区域教育特色和品牌效应，扩大实验区作为一个整体的影响力，借以深入推进区际教育改革与发展。

▲ 首届实验区联席会在杭州下城召开

二、信息共享

信息共享，涵盖面广。在教育管理中，信息意味着知识、情况、管理决策与计划的内容、管理规律和适用的技术手段等。信息共享以教育信息化为基础，包括共享平台、共享数据、共同管理和组建教科研共同体，是深入推进区域教育改革与发展的助推器。共享平台以"数字中国教科院"建设为依托，整合各实验区数字化教育资源，打造统一的实验区信息化公共服务平台，为各实验区教育行政部门决策、学校特色办学和学习者学习提供丰富的信息和技术保障，进一步推进区域教育理论与实践创新。共享数据是指结合各业务部门的特色与成果，有重点、分批次建设一批优质资源库及数据库，切实开展面向实验区的服务，共享优质教育资源。共同管理是指建设区际网络共同管理体系，提供专项服务，如网络教研、网络培训，促进共建共享机制的建设，在共同管理中注重不同层级的教师队伍建设。除此之外，组建教科研共同体，建立区际教育人力资源合作、交流机制。联合举办实验区教研员、校长或骨干教师高级研修班，构建实验区教科研跨区联动共同体，开展区际校长、教师交流等。在院区共建中，信息共享作用越来越大，在下城教育综合改革实验中，信息共享之路也必将越走越宽广。

基于下城实验区院区共建工作的深入推进，正在逐步形成"高位均衡、轻负高质"的区域特色。

欲穷千里目，
更上一层楼

发展篇

第四章

以课题研究为载体，引领下城教育综合改革

课题研究是引领教育综合改革的重要内容，下城实验区建立不久，便组织人员以"以教育生态理论促进区域教育现代化的实践研究"为题申报全国教育科学"十一五"规划国家一般课题并获批（课题批准号：BGA080339）。在国家级课题的引领下，实验区开展了深入的理论研究和实践探索，有力地推动了教育综合改革的深入发展。

第一节　以教育生态理论为基础，
促进区域教育理论的创新

教育生态理论是什么？教育生态理论的价值蕴含是什么？教育生态理论与区域教育发展是如何连接的？区域教育理论的创新意在探求这些问题的答案。关于教育生态理论塑形与创新的内容很多，这里仅选取了下城区教育生态理论研究的推动者周培植同志关于教育生态理论研究的部分观点，采撷首届全国教育生态理论研讨会部分专家学者的观点，并吸纳了驻下城实验区专家组成员的部分研究成果。

一、教育生态理论创新解读

（一）教育生态理论的生成

1. 源起——从"教育环境"的维度出发

2001 年，下城区在浙江省"教育强区"的 50 项认定标准上都赢得了高度评价，以绝对优势顺利通过"创强"验收。其间，下城区体会到教育环境极其重要。在关注硬件指标以外，下城区也发现教育领域存在着更深层次的教育问题和矛盾，如同质化、庸俗化、片面教育等教育"沙化"现象，违背教育规律，生态失调，并发现教育"沙化"现象不是单一的、偶然的，而是隐秘的、持续的，是阻滞教育发展的"软遏制力"。下城区认识到生态是自然存在的，不同时期的教育生态系统总是会受到不同程度的破坏，进而提出了"教育生态"的概念。

▲ 下城区教育局原党委书记、局长周培植作报告

2. 发展——从"高品质教育生态"的维度行进

2003 年，下城教育先在"打造高水平教育强区"的目标基础上，提出"营造高水平教育生态"的前置条件，进而又提出"更均衡、更公平、更充裕"的"三更"目标，以及争创全国一流现代化和谐教育的目标，并一以贯之，形成了"三二一"教育发展目标体系。其间，各界的关注日渐增多，《人民教育》《中国教育报》都发表了相关文章。

3. 生成——从"理论创新"的维度立足

2006 年开始，下城教育在已经形成了一系列具有教育生态特质的理念、制度、工作体系，区域教育整体已经相对高位运行的基础上，开始着手对多年的实践、探索作梳理、提炼，试图从理论基础、核心内涵、实践支撑、成果形态等方面全面建构教育生态理论体系。

（二）教育生态理论的内涵解读

1. 基本概述

教育生态理论源自自然生态，融合生态学的精髓，立足于"生命观"，终极目标是为了人，为了人的发展，为了人的全面发展，旨在探索符合区域经济和社会发展要求，与生态文明时代相适应的教育存在和持续发展的方法体系，既是一种教育理念，也是一种教育实施策略。

2．理论基础

第一，价值取向：生命观——生命是整体的、差异的、自主的；发展观——为人的可持续发展、终身发展、和谐发展而教育；统筹观——统筹协调社会环境，统筹改革各项制度，统筹建构教师教育体系；开放观——促进社会资源和教育资源的互动，增强社会对教育的认同。

第二，目标取向：营造公平化、个性化、自主发展、协调发展、可持续发展的教育生态。

3．核心内涵

教育生态理论的核心内涵是多样性。多样性最初是一个生物学意义上的概念，是生物之间以及与其生存环境之间复杂的相互作用的体现；是生物资源丰富多彩的标志；是对世界生态平衡规律的一个简明概括。多样性的基本特征即差异性。概括地说，多样的，就是差异的；差异的，就是多样的；多样，就有生命力，就有竞争力。多样性的教育是可再生的教育，是可持续发展的教育，是和谐的教育，能推进教育的均衡化、公平化、优质化。

4．实践举要

下城区在理念引领、概念运用、机制运作及载体创设等方面都进行了实践探索。只有多管齐下，使教育生态理论从行政预见，逐步发散成每一个下城教育工作者的思想内驱，触及、遍及下城教育的每一个人、每一个点，从而使下城教育从宏观到微观，从领导层到基层都有教育生态的烙印。

5. 成效形态

区域层面形成了"教育超市、教育公园"大型教育服务咨询活动、收费阳光工程、"主粮＋杂粮"培训知识体系、梯级名师培养、初中教育高地、托幼一体化工程、幼儿办学"零无证"、嫁接办学、联盟办学、移植办学、再生性教育生态发展模式、中国杭州国际教育创新大会、"携手'1＋6'"系列活动等原生性特色品牌。校园层面的办学特色品牌也层出不穷，使得校园文化、校长风格、师生个性呈现出多样化。

（三）教育生态理论的实践认识

1. 具有时代的意境

教育生态理论既与科学发展观一脉相承，也符合国际教育的共同价值。

2. 符合教育现代化的基质

教育现代化是社会现代化的组成部分。社会的现代化包括人的现代化。从理论上讲，教育现代化是国家现代化不可缺少的条件，两者互相促进，互为因果。我国社会主义建设的总目标就是建设"四个现代化"，这迫切要求人的现代化，也就迫切要求教育的现代化。长期的实践证明，教育生态理论符合均衡性、优质性、开放性、创新性、品牌性、科学性等教育现代化的基本价值取向。

3. 跟进区域发展的诉求

目前，下城区正积极发挥自身的区位优势、环境优势、先发优势、人才优势，积极打造"天堂福地、品质下城"，争创"生活品质之城示范区"，争创全国一流现代化和谐城区，目标指向共建共享"心灵安宁、文化丰厚、精神愉悦"的城市、幸福的城市。和谐世界，从心开始——教育生态理论下的教育，在其中是顺势而为，大有可为，可以成为人民幸福生活的基础。

二、教育生态理论观点评析——首届全国教育生态理论研讨会专家观点采撷

2008 年 5 月 16 日，中国教科院与下城区人民政府举行首届全国教育生态理论研讨会。会上，时任下城区教育局局长的周培植作了专题发言，以教育生态理论为核心，具体阐述了下城区教育生态理论的形成、发展和实践探索。中国教科院袁振国、田慧生、曾天山、高宝立、刘贵华、华国栋，《人民教育》杂志总编傅国亮，杭州师范大学教授徐云等专家对下城教育生态理论与实践进行了点评、论证。以下是部分专家的观点采撷。

▲ 首届全国教育生态理论研讨会现场

专家观点一（田慧生）：

教育生态作为一种理论的提出，其实在国内外已有相当长的时

间，特别在国外研究更早一些。应该说在国内，从不同角度对教育生态进行研究的相关学术研究著作已经不少，但到目前为止，很多的研究确实都仅仅停留于理论层面。真正把教育生态的理论和方法，引入到教育发展的实践中来，而且在一个相当大的区域把它作为一种指导思想来推进工作，到目前为止，下城区应该是第一家，经历了那么长时间，让教育生态成为了下城教育的特色，难能可贵。

▲ 时任中国教科院副院长、现任教育部基础教育课程教材
发展中心主任的田慧生在研讨会上发言

　　教育生态学相关的一些理论运用到实践中来，它首先可以作为一种认识教育现象、认识并解决教育问题的方法论。作为教育生态学，它是强调要把事物看成一个完整的生态系统。在分析这样一个系统的时候，要看到系统内部各个因素、各个部分之间的相互关联，同时在解决问题的过程中，强调一种动态的平衡，强调内部各个因素的协调。用这样一些思想、一种方法论来认识教育问题，解决教育中的很多现实问题，确实具有很重要的指导意义。

　　其次，教育生态理论在具体的工作和教育事业的发展过程中，就是一种发展观。它强调各因素之间的协调和可持续发展的观点，另外在更加具体的层次上，从改进工作的角度来看，它同时还可以成为改进工作的策略，最终在这样的一个发展过程中，还可以通过总结，让它形成一种发展模式。对于这样的一种发展理论，可以真正地不断地去领会、挖掘它深刻的思想内涵。从理论到实践到政策到各个层面，它可以在引领工作过程中发挥作用，甚至将来下城区形成一种有自己特色的生态教育发展模式。结合教育理论，下城要在均衡发展、社区教育及学前教育办学体制等方面做得更好，以便于为教育政策发展带来点东西。

专家观点二（曾天山）：

下城区教育生态的理论研究与实践体现出以下几方面的特点。

▲ 中国教科院副院长曾天山在研讨会上发言

第一是下城教育敢为人先。谈到下城的各种模式，充分证明了下城教育对经济发达地区的实践产生了一些推动作用。可见，下城教育是敢为人先，敢于探究，敢于创造的。很多地区在理论层面、在实践层面也是有条件的，但不肯去探索。下城教育能够勇于探索，而且十几年坚持下来，这是让人非常感动的。

第二就是科学发展观的指导。为什么在全区能够推动，而且是得到各方面的关注，特别是受到科研界的赞赏，受到社会的认可、家长的支持，受到全体教育人员的拥护？这是靠科学发展观的指导。显然，教育生态观是科学发展观的一种表现。

第三是突破了一个理论与实践结合的瓶颈。科学研究成果的转化是很困难的，教育科研成果的转化更是困难。难在什么地方？就是你研究的不是别人想要的，别人想要的不是你研究的。就是瞎指挥白研究，永远找不到接口，如同鸡同鸭讲。所以下城教育生态研究已经跨出了一个理论与实践难以结合的死亡之海，找到了对接点，双方都感兴趣。研究教育生态，会经常探讨科研生态，总想有一块合适的实验区。中国教科院与下城的理论与实践的结合就是一个例证。

第四是找到了一个理念。现实中不缺星星点点的好的观念，缺的是一个系统的理念。中国人的思维往往是点点滴滴地改进，想到哪儿说到哪儿，不是一个整体地改造。大家可以从城市建设当中感受出来，每个都建得非常漂亮，但整体来看不好。每个都想争奇斗艳，但结合在一起就不好。你看外国人的房子，每个都貌不惊人，但整体来看却非常好看，整体效果出来了。

在区域教育整体建设中，有三个方面需要注意：一是内部系统，以义务教育为中心的延伸，照顾到学前教育，也照顾到终身教育；二是外部，教育与外部的关系，没有外部的支援，内部的环境无法发展，也不可能取得很大的发展；三是与流动人口之间的关系，在这样一个流动人口占到52%的城区，在其他城市都排斥解决不了这个问题的时候主动去吸纳这些流动人口，而且让它成为一个新型的共同体。在下城，以上三个方面跟社会的互动处理得很好。

专家观点三（高宝立）：

第一，教育如何促进人的发展？

在教育环节中促进人发展的是什么？涉及这些问题就是以学生为本。特别在课堂教学中，应该保障学生的权利，同时在课堂中要维护学生的尊严，要关注学生的人格。即学生在学习过程中对自己价值的体验，这是教育的目的。大家都在谈素质教育，都在谈要注重学生的发展。而在发展过程中往往关注的是那些有特长的学生，或者是学习比较好的学生，所以在很多方面，为了迎合所谓的品牌教育，牺牲了学生们很多机会。在教育生态中，可以关注到一些问题在弥补，就是关注每个学生的差异。

▲《教育研究》杂志主编高宝立在研讨会上发言

第二，学校与社会的关系问题。

关于学校与社会的关系，也是教育生态的一个问题。在教育生态视野里，要更积极，要有效利用社会资源，有效利用社会文化，特别是主流文化，能将之贯彻到学校中来，只有这样才能提高学生的文化认同。在此基础上，进一步提高学生的文化选择能力和文化创造能力。在已有的关于素质教育的理解里面，有创新教育，这点就不能仅仅停留在智力教育上面，比如科技发明能力等。所以要挖掘社会文化，加强学生的文化沟通，其中有一点就是要提高学生的文化创新能力，特别是社会沟通的批判能力。

第三，在当前的学校发展中，如何做到教师的发展能适应学校的发展呢？

对于现在社会来说，对学生发展的根本利益来说，就是教师的这种社会化，特别是教师对社会和时代的一种把握，每个教师都提高了这一社会化程度，才能形成有效的学校文化。同时，在推进区域发展过程中，学校所在区域社会的发展也是一个非常重要的层面。下城区经济、教育发展形势很有优势，能够把所倡导的生态理论搞得很有规律性，搞成一种很好的模式，并最终体现在发展教育上，体现在细节上。从这个角度看，借鉴生态学的观点，也还应该有其他的学科加入，比如教育学、文化学的观点要加入进来。下城区有一个很重要的优势，就是教育理论、教育实践能够很好地结合起来，这样一打通，就能够形成一个很好的循环有序的生态。

专家观点四（刘贵华）：

第一，关于教育生态的理论与实践研究在中国，早期应该说有几位学者作出了比较系统的研究。台湾学者李聪明在20世纪80年代出过一本专著《教育生态学导论》，然后中国大陆学者吴鼎福教授1990年出版了《教育生态学》，接着任凯、白燕他们也合写了一本《教育生态学》。这些学者从不同的角度，引用生态学的观点和方法，对教育生态进行理论研究；还有一些虽然没有用教育生态这一概念，但实际上作了教育生态的系统研究，比如田慧生研究员的

《教学环境论》（1996年出版）。下城教育把教育生态理论运用于下城区教育改革实践，这就是从理论走向实践，很值得庆贺。

▲ 下城实验区专家组首任组长刘贵华在研讨会上发言

第二，教育生态学类似教育经济学、教育管理学等相关的教育学的分支学科，它应该作为一种哲学观，或者是方法论，运用于教育改革的理论与实践。它与别的学科有相同之处，也有不同之处，或者说具有自己的一种价值观和方法论，但不应该排除别的学科观念和方法的融入。

第三，下城教育已经将教育生态理论向实践大大地推进了一步。尤其是下城区许多实验学校，一谈到教育生态就是生命的观点。谈到生命的观点，应该与教育有非常紧密的联系，因为教育的对象是人，教育的主体也是人，所以生态学就是研究主体与主体之间、主体与环境之间相互关系的科学。它最本质、最核心的观点就是相互联系的、动态平衡的、共荣共生的、可持续发展的一个观点。教育的目标是培养人，人的发展需要有良好的环境。如何走进精神的家园，需要营造一种和谐的教育生态环境。区域教育如何运用教育生态理论进行综合的教育改革，下城区应该是第一个。

还有一些观点值得关注，比如，关于生态位的理论问题、限制性因子定律。这个问题实际上是指教育的发展到底受制于哪些因素？从生态学的角度来讲，它受制于哪些生态因子？这些因子当中有敏感的，有钝感的，要找出敏感的、对教育生态有影响的生态因子，这是对现实的改革有针对性意义的一项工作。再一个就是"花盆效应"问题。下城区是营构一个生态的群落，它形成的是一个有个体、种族、群落的整体，群落是最高层次，那么在群落里面这种效应应该是怎么样的呢？这是推进整个下城区区域教育综合改革的一个很重要的方面。

三、生态位理论与区域教育"高位均衡"①

生态位（Ecological Niche）是生态学中一个重要的概念。生态位源于生态学理论，以生态位理论为方法或研究工具，对教育的实存、变革和发展进行生态学思考，是将教育生态学理论应用于教育实践的具体体现之一。

"高位均衡"是教育发展在满足了数量需求后所要达成的质量阶段的高位取向，以及均衡发展的高位运行态势与总体特征。区域推进教育高位均衡发展的生态学改革思路，是将教育生态位理论应用于教育发展实际的实践思考。

（一）生态环境：区域教育实存的"本体位"

教育系统的生态环境特征生动地诠释了教育实存的"本体位"

---

① 本部分引用了中国教科院驻下城实验区专家组组长王小飞、刘贵华及下城区教育局原副局长卜家雄等人的相关研究成果。

形态。这里的"本体位"并非完全是本体论意义上的"本体"，而是指主体与环境的交互关系中相对性的发展基础。

1. 生态环境：教育群落的系统本质

▲ 中国教科院王小飞博士发言

"生态位"是指在生态群落中，一个物种和其他物种相关联的特定时间位置、空间位置和功能位置。生态位，又称小生境或生态龛位，生态位是一个物种所处的环境及其本身生活习性的总称。每个物种都有自己独特的生态位，借以跟其他物种作出区别。教育的核心是人的发展问题，因而教育的生态环境及发展机制天然地带有特殊的生物学特性，教育环境的生态机制以及教育生态学的提出也就成为必然。

2. 区域变革：教育环境演绎的基因动力

教育生态位就是由教育资源的分布状况、行业竞争状况、人口和劳动力状况、教育发展状况，以及这种状况对教育内部生态系统的作用等共同构成的。教育是一个由层次有别、类型各异、阶段不同的教育形态排列组合、动态链接、纵横交错而形成的生态系统，每一层次、类型和阶段的教育形态都有与之相匹配的生态位。尽管区域的界定范围可大可小，但以生态位为界定的区域，则仅指主体

接受教育过程中所占据的最后教育环境与资源的分布单位。因此，教育改革需要从"最后分布区域"推进，推进的过程涉及区域内所有的教育环境与教育资源，这种变革才是教育发展中根本性的"基因变革"。

（二）高位均衡：区域教育发展的"价值位"

1. 关系与发展：教育主体层面的高位均衡

按照教育生态学的观点，教育主体（教师和学生）与教育环境之间的生态位关系构建，是教育发展的重点。因此，主体与教育环境之间的协调、均衡与和谐发展，同样是区域教育发展的主要价值取向。从教育发展论的角度出发，教育主体的生态定位、生态需求，主体教育成长的生态机遇以及主体生态发展的质量保障，成为了区域教育高位均衡发展的基本价值与理想。

2. 资源与结构：区域教育公平层面的高位均衡

改革开放以来，我国在效率与公平问题的处理上，长期采取的是效率优先、兼顾公平的价值取向，教育政策与制度的设计也是如此，这势必导致教育尤其是以义务教育为核心的公共教育体系的非均衡化发展。公共教育体系的均衡发展缺少政策和制度支撑，一度出现泛市场化、产业化、商品化的倾向，导致城乡之间、地区之间、学校之间的资源与结构失衡及非生态化发展。公共教育资源与结构的均衡发展，是区域经济、社会协调发展的基础，也是区域公平和区域和谐的保障。

3. 功能与创新：区域教育质量层面的高位均衡

当前，教育的功能性需求已从人民群众对就学机会的公平层面提高到了教育质量的公平层面。义务教育需要进入以质量创新为主要特征的高位均衡发展的新阶段。教育新一轮发展的任务必然是通过教育质量的创新来不断满足人民群众对教育新的需要，并通过人民群众对教育满意度的提高来获取社会对教育更多更大的理解和支持。要实现质量创新，就必须从教育的生态现实出发，统筹谋划，科学发展，充分发挥各种基于实践的理论的推动作用，重点在课程改革、教师专业化以及教育现代化等方面实现重突破，从而实现义务教育的高位均衡发展。

（三）生态因子：区域教育生态的"发展位"

生态因子指的是对个体或群体的生活及发展有影响作用的因素。区域教育系统是一个近似中观层面的复杂生态系统，影响系统及受教育主体发展的生态因素或因子很多，其中包括钝感性因子和敏感性因子，而其中值得关注的是敏感性生态因子的功能保护与开发。

1. 环境测度

环境测度主要用于评估生态位中各种资源（生态因子）的开发利用的基本状况。利用环境测度，可以实现对区域教育生态因子的评价和实时监控，准确诊断教育主体在不同阶段的各种实际生态位状况，有针对性地根据需求改革发展步骤或方案，保证区域教育生态系统健康运行。

2. 因子配置

按照不同阶段主体对"因子"的不同需求，调整各种钝感—敏感因子关系，特别是提高敏感教育因子（优质资源）的使用效率，最大限度地满足人民对高质量教育的需求，这是区域教育改革发展与创新必须关注的首要内容。教育均衡的目标是教育需求与教育供给的相对均衡，教育生态因子配置的均衡是教育均衡的基础和前提。

3. 制度安排

各种生态因子的关系处理与配置调整，需要适宜的制度作为保障。制度创新是区域教育改革创新的重要支撑，这要求改良和革新现存的以义务教育为核心的区域公共教育体制，并最终朝向公平合理的终身教育体系目标迈进。区域教育体制的改革与创新，需要确立新的指导战略，继续努力消除区域教育的体制束缚，破除条块分割和地方保护，形成灵活的运行机制；以科研推动促进政策导向功能的发挥，推进区域教育资源的合理配置。只有教育的高位均衡发展，才能最终保障公民受教育的基本权利。教育的高位均衡是衡量教育发展水平的新指标与新指向。

（四）区域教育高位均衡发展的辩证实践

1. 区域教育生态位的多维发展

教育生态位理论并不能等同于自然生命系统，也不鼓励"安于现状"的无竞争性的消极或停滞发展。因此，均衡发展并非"削峰填谷"式的发展。当生态位发生重叠，生命系统必然产生争夺生态位的竞争，竞争是对最适宜生态区的配置。正是这种竞争与配置，才最终导致无竞争性的基础生态位走向多维、综合、立体和差异性发展的现实生态位。区域教育生态系统的本体位、价值位与发展位三维之间的基本关系，以及区域教育生态系统从基础生态位（#1）到现实生态位（#2）方向的多维发展模式如图1所示。

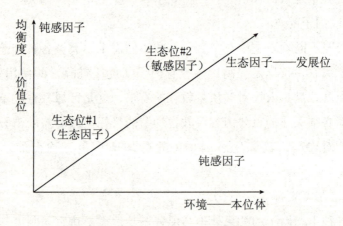

图1　区域教育生态系统多维发展关系位图

2．高—低位均衡关系的辩证发展

根据教育的合生态特性，区域教育高位均衡发展的内涵，主要包含教育主体、教育体制、教育公平与教育质量维度等在内的全方位发展。其中，高位均衡的两个关键维度，一是公平，二是质量。前述区域教育生态系统的动态性和差异性，决定了高位均衡发展不是一刀切式的"平均"发展，而是一种在"高位"等级上的"最适宜"发展模式（如图2所示）。

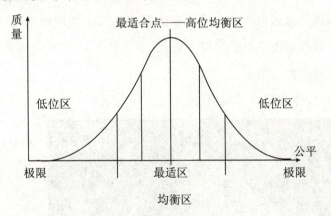

图2　高—低位均衡关系二维生态位图

对"高位"的定位，不能离开对"低位"的理解。"高位"发展是"低位"发展的理想状态，但这并不意味着发展变革对"低位"的排斥与否定，需要否定的是处于极限位置的非公平或低质发展模式。教育发展总是处于由平衡—不平衡—平衡的辩证过程，同样也是从低位到高位的异质性的不断变革过程。相对低位有时也处于辩证意义上的均衡区；相对高位的"最适区"均衡，则代表着个性、差异、特色或异质。以区域教育资源均衡配置机制改革为例，近些年来日趋热络的教育组团或集团化发展，就应该尽量避免一刀切式的跟风发展模式，唯有走与单体学校的特色发展紧密结合的道路，才有可能形成真正意义上的高位均衡发展的区域教育生态模式。

四、"轻负高质"的生态观审视①

（一）生态视域下的"轻负高质"

生态哲学的出现为人们带来了全新的世界观。基于这种世界观，对于教育的发展而言，"轻负高质"就不仅仅是纯粹的追求质量极限或是效益最大化，而是一个教育质量整体发展的动态过程。在这个过程当中，有必要对"高质"、"轻负"、"轻负高质"的内在属性进行生态剖析。

1. 整体关联的"高质"

▲ 中国教科院祝新宇博士发言

在一定的区域内，追求高质量的教育并非一个单线程的形态，

---

① 本部分引用了中国教科院驻下城实验区专家组组长祝新宇、刘贵华及下城区教育局原局长周培植等人的相关研究成果。

是一个由人、社会、自然组成的复杂多线程的教育生态系统。在这个系统的因子构成中，既有学生的预习质量、听课质量、作业完成质量，教师的备课质量、教学质量、作业批改质量，也包括教学硬件环境质量、教育社会环境质量，等等。这些质量因子并非孤立存在，而是环环相扣，紧密联结成了一张复杂的非线性的教育质量生态网络。因此，教育质量的高低，不完全由某一个质量因子决定，而取决于所有质量因子在这个生态网络中相互关联所形成的整体状态。

2．和谐共生的"轻负"

如果说"高质"是教育的理想追求，那"轻负"则是实现这一追求的重要的过程状态。在这个过程状态中，质量因子间能否实现一种和谐与共生在很大程度上决定了由质量因子所联结成的教育质量网络的稳定存在。而以生态哲学眼光来看，教育活动中的"负"实则上是各质量因子在相互联系、形成整体的过程中"量"的累积。这种累积不是质量因子各自"量"的简单加法，而是不同因子在相互作用中所产生的整体效应叠加。教育活动中的"负"其实是一种质量因子间动态作用的整体反映。因而，"轻负"并非简单地将各质量因子分别进行减量，而要以联系的眼光，从质量因子间的相互关系和作用入手，促使因子间始终保持合理的相互关系，从而降低教育活动的整体负担。

3．持续发展的"轻负高质"

和谐共生的"轻负"仅仅是一种过程状态，是为教育活动营造一个稳定的质量网络与和谐的质量环境，但还不足以真正实现"高质"。在"轻负"与"高质"之间，还需要一种途径和方式，即：质量因子相互间不断交流信息与能量，在动态平衡中实现一种可持续的发展。这才能保证教育质量生态系统的整体提升，促进系统中

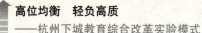

的人、社会、自然等各方的全面发展，充分发挥教育的效用。在这种持续发展的过程中，教育质量没有"最好"的状态，只有"更好"的追求，在实现"更好"的动态循环过程中，达到高质量的教育水平。

在生态哲学的视域下，"轻负高质"其实是教育活动作为一个有机整体的良性发展状态。在这种状态中，整体关联是它的终极属性，和谐共生是它的过程状态，而可持续发展是它的发展途径。因此，生态视域下的"轻负高质"的理念与内涵实际上是一个包含"目标—过程—途径"三位一体的教育质量的生态观念体系。

（二）"轻负高质"的生态关系

根据前文论述的"轻负高质"三位一体的生态观念体系，在实际的教育活动中可以衍生出"面"、"度"、"衡"三个生态维度，而由这三个维度还可派生出教育活动的三对生态关系：教育质量片面与全面的关系、质量因子失度与适度的关系、教育质量发展的平衡与失衡的关系。

1. 片面与全面

教育质量片面与全面的关系应当包含三个层面的理解：第一，教育质量片面性的理解。教育活动的多主体是要在一定的教育环境中，根据不同教育主体的教育需求，按照各质量因子对不同教育主体的敏感程度，有针对性地调节部分质量因子的敏感性，从而有效地促进教育主体的发展，最终改善教育的质量。第二，教育质量全面性的理解。教育质量的全面性要求的是对全体质量因子的关注，追求的是教育质量的整体提升。第三，片面与全面的辩证关系。教育质量的全面性不要求质量因子的同时提升，而是一种全面的终极关注。同样，教育质量的片面性并非传统思维中片面的教育质量，而是强调在不同主体、不同环境、不同时空下有针对性地关注部分质量因子。实际上，教育质量的整体关联性和教育的多主体性决定了在关注教育质量片面性的同时，必然会在最大限度上实现教育质量的全面性。

2. 失度与适度

失度与适度这对生态关系的关键点落在"度"的把握上，它包含两大方面。首先是质量因子自身的"度"的把握。质量因子自身的失度存在着正负两个趋向："正失度"，表明质量因子的容量过大，超过了一定的生态承载能力。"负失度"表明质量因子的容量太小，无法达到教育活动所需的刺激阈值。无论是何种"失度"，都会改变质量因子的活动状态，打破质量因子自身的稳定状态。其次是质量因子间相互关系中的"度"的把握。质量因子间的失度主要体现在不同因子间的分配存在较为明显的矛盾冲突，因子间产生了相互的干扰，从而影响教育质量环境的整体稳定状态。当质量因子的"度"的变化处于合理的范围之内，这种变化是良性的，教育环境在整体上是和谐共生的，反之则会陷入因子间的恶性竞争，并导致教育质量整体的下降。

3. 平衡与失衡

这对关系包含着两个方面的变化：一是教育主体自身的变化。这种变化打破了整个教育活动原有的平衡，使得教师的教学设计、课堂教学、作业布置等一系列质量因子为了适应新的变化，都必须进行新的调整，以适应学生的学习能力，促进学生学习质量的最大化。二是教育环境中质量因子的变化。这需要教育活动根据外界的新刺激，迅速调整各因子的平衡性，适应变化对教育产生的影响，保证教育能够跟上时代的需求，健康持续地发展。

从对三对生态关系的论述中不难发现，片面与全面强调不同教育主体的质量需求，失度与适度着眼于教育质量环境的合理变化，平衡与失衡则是侧重于教育质量的可持续发展。因此，"轻负高质"的生态关系实则是由"主体—环境—发展"所构成的联结交错的教育质量生态网络。

（三）"轻负高质"的生态策略

1. 增强质量因子相互间的补偿作用

所谓因子补偿作用，就是生物除了能适应环境外，在一定程度及范围内还能改变自然环境，减少温度、光、水等生态因子的限制作用。这种补偿作用实际上是生态系统整体关联性的一种体现。因此，当某些质量因子在受到限制时，必须要充分发挥出其他质量因子的补偿作用，从而在整体上确保教育的质量。

2. 扩大教育活动中的生态幅

一方面，要保持因子自身或相互间的适度，避免因子陷于失度的抑制或非耐受区。另一方面，还要在教育活动中尽可能地扩大质量因子自身的耐受性度，即生态幅的阈值。质量因子生态幅的扩大，不仅可以增强因子自身的适应能力，同时还有助于提高因子间的融洽度，利于教育活动的和谐发展。

3. 实现教育生态系统的循环开放

平衡与失衡的作用主要体现在两个方面。一是让不同的质量因子之间加强信息和能量的循环交流，在交流中打破系统的内在平衡，实现因子寻找新平衡点的再适应，从而刺激教育的发展。二是教育活动自身对系统外环境的开放交流。这种开放不但能给教育活动带来新的信息与能量，还能刺激教育活动的新平衡点的出现，让教育活动不断地调整、适应外界环境的变化，不落后于时代。

第二节　以教育生态理论为指导，
推动区域教育现代化发展

国家级课题"以教育生态理论促进区域教育现代化的实践研究"在实践探索中，被细化为"教育生态与区域教育现代化的相关理论研究"、"高位均衡发展的区域教育制度研究"、"区域教育人力资源专业化发展研究"、"教育集团化办学实践研究"、"区域开放办学实践研究"、"区域学校特色品牌建设的实践研究"、"'轻负高质'的生态课堂实践研究"、"区域教育现代化质量监测与评估体系研究"八个研究项目。围绕各研究项目，选取了相关部门、部分实验学校对推进课题研究的相关内容进行阐释，既包括政府部门的政策建议，也包括部分实验学校的实践体验。

一、区域教育生态理论的实践调研[①]

为进一步推动区域教育生态理论的完善和下城教育的科学发展，区政协文史和教文卫体委员会就"区域教育生态理论研究与实践"进行了专题调研，指出区域教育生态理论研究与实践有特色，但也存在一些问题，需要加以改进。

（一）区域教育生态理论研究与实践的主要问题

1. 存在认识上的困惑

表现1：校（园）长、教师座谈中，只有个别校（园）长、教

---

① 本部分参考了下城区政协副主席张红舞的相关研究报告。

师能将本职工作与理论研究进行互证、阐释，理解深入；大部分校（园）长、教师对"生命观、多样性、协同性、自主性"等区域教育生态理论的基本理念、特征比较熟悉，但是对教育生态的基本规律、原则、原理知之甚少；有些教师对区域教育生态理论的理解概念化、表面化，工作实践并没有与理论内涵相结合。可见，对区域教育生态理论的基本认识参差不齐。

▲ 下城区政协副主席张红舞在调研会上讲话

表现2：教师问卷调查中，对于"教师专业成长的主要动力是什么"，选择不同的理解的比例相当："更新知识，提高素质"占45.55%；"使学生获得更好的发展"占61.97%；"更好地实现人生价值"占45.37%；"适应教育改革的新要求"占46.48%等。对"轻负高质"生态课堂的表述，各有各的说法，有的笼统，有的琐碎，大多流于表面，不能指向主题，没有相对统一的原则思想。

2. 存在实践上的浮躁

表现1：约谈、走访调查反映，区域教育生态理论的理念、特征、目标、内涵确实都很科学、人本，但是，实际中有些工作空洞无效，追求形式，追求应景，重视轰轰烈烈的大行动，热热闹闹的大展示，以及五花八门的出书印册，投入和产出失衡。可见，区域教育生态理论的研究与实践还存在浮躁的风气。

表现2：尽管有区域教育生态理论为统领，强调以"生命观"为核心理念，强调对生命的关爱、尊重、敬畏，但是，还是有一些教师、学生、家长都并不轻松，工作、学习、沟通都还有很多的被动和压力。区域教育生态理论从说到做还存在较大的落差，"生命观"的诠释，还任重道远。

3. 存在研究上的脱节

表现1：目前，从区教育局到个人，有中国教科院驻下城专家组、中国教科院下城教育生态研究中心办公室、各科室单位、各校（园）以及教师都有在不同层面上，从不同角度对区域教育生态理论的践行、研究，各个层面都不乏研究的特色亮点，但是大多还散落在各单位、校（园），没有被发现、整理，还缺乏序列性的统整，总体而言，相互之间的对接并不密切，上下、点面脱节的情况较突出。

表现2：国家级课题"以教育生态理论促进区域教育现代化的实践研究"，设立了8个子课题，同时，建立了由指导专家、联系领导、课题负责人、核心成员及实验校（园）组成的研究组织网络，全区所有学校（园）均作为实验校（园），全局参与，共同探索，但是或多或少存在敷衍了事的状况，研究素材、资料往往原始、单薄，阶段研究的显性成果不多，暴露出理论研究从主观意志到客观实际的断层现象。

（二）推进区域教育生态理论研究与实践的若干建议

1. 达成共识，理性推进

区域教育生态理论的创新，构建了下城特色的区域教育生态发展基本模式，成就了打造教育现代化区域范例的下城样本，长期坚持，对下城教育改革的深入发展具有重要的指导意义，对下城经济社会的繁荣昌盛具有深远的影响。

一是强化规划统筹。要把区域教育生态理论的研究与实践工作列入《下城区教育事业"十二五"发展规划》，要明确目标，创新举措，加大投入，确保理论研究能够切实结合贯彻《教育规划纲要》等内容，进一步明确研究方向，充实研究内容，使理论研究更具前瞻性、价值性和实用性。

二是强化舆论宣传。要宣传科学理论引领的重要性，宣传区域教育理论创新的必要性，宣传推进区域教育理论研究的现实意义，宣传区域教育理论创新的成果，进一步提高认识，明确方向，引领实践，做到科学作为、求真务实，树立起科学的教育观、质量观和人才观。

三是强化资源整合。要整合各层面的力量，营造区域教育生态理论研究与实践的良好环境，形成合力。要整合中国教科院驻下城专家组，教育局职能科室、直属单位、基层校园，各级各类科研院所，整合师训、干训、科研、质量监测、教育督导等各项工作，加强研究队伍建设，切实建立研究与实践的对接机制，形成研究的网络。

2. 重心下移，优化队伍

区域教育生态理论的研究与实践，首先就要紧密依靠广大教师，重视将研究重心由宏观倾向微观，切实向一线教师下移，把提升教师的专业素养、政治素养和教师职业精神，优化队伍，作为理论发展最重要的基础工作予以落实。

一是加强通识学习。要将区域教育生态理论体系化、结构化，编撰易于理解、掌握的区域教育生态理论通识读本，整合干部教师培训工作，定期学习，普及理论常识，掌握理论基础，树立理论自觉。

二是具化内涵阐释。要将区域教育生态理论的内涵作具体化、浅显化的阐释，切实将理论转化为可参照、可执行、可操作的基本要则，成为干部、教师、学生日常行为的基本要则，真正带动生态型干部、教师、学生的培养，带动生态型部门、校（园）、课堂的建设。

三是明晰职业精神。要提炼区域教育生态理论指导下的符合教育生态价值观的教师职业精神，并以此为引领，采取更有力的措施，提高教师地位，维护教师权益，改善教师待遇，加强教师培训，关心教师身心健康。

3. 注重内涵，提升质量

区域教育生态理论的研究与实践要进一步树立以提高质量为核心的发展观，注重内涵发展，切实以提高教育教学质量为导向，把一切研究与实践的重点集中到强化教学环节，提高教育质量上来。

一是加强质量监测。要发挥下城教育质量监测中心的作用，积极研究区域教育生态理论下的区域教育质量指标体系。同时要建立教育质量监测和教育信息的数据库，以翔实、动态、丰富的数据作为分析的基础，跟踪、探索、检验区域教育生态理论研究与实践对区域教育质量产生的切实影响，努力实现"学有优教"、"轻负高质"的教育目标。

二是注重成果转化。要高度重视理论成果的转化工作，首先，要更加细化国家级课题的研究要求，重视课题阶段研究的成果积累和反映；其次，要定期组织开展区域教育生态理论研究与实践专项成果申报和评估；再次，要定期开展专题调研，收集个案，并对个案加以专业的分析、提炼；最后，要梳理区域教育生态理论形成的历程，存史资政。

4. 珍惜平台，创新工作

区域教育生态理论的研究与实践，根本靠改革创新。中国教科院教育生态研究中心的成立为下城区深化区域教育生态理论研究提供了宝贵平台，其建设工作是实现理论进一步发展的关键所在，是打造中国特色理论样本成功与否的关键所在。

一是进一步明确中心地位，将中心工作纳入中国教科院和下城区教育发展计划，列入工作议程，划拨专项经费，实行目标管理。

二是进一步明确中心的职能，理顺关系，有效整合多方资源和各项工作，完善组织工作体系。

三是进一步明确中心工作的内容，根据区域教育生态理论"区域整体推进"的战略，可考虑从研究拟定相关政策措施、中长期规划，培养、建设、统筹区域教育生态理论研究与实践的队伍、阵地、课题、成果发布和推广，提供区域教育发展决策咨询服务，为中国教科院教育决策提供参考服务等具体工作着手，不断成熟、完善中心的形象与内涵。

二、教师专业发展的个案分析——基于生态教研模式的思考①

（一）问题的提出

幼儿教育是一个专业性很强的职业，幼儿教师专业化就是指"教师能够看懂孩子，给孩子恰如其分的教育"。教师专业性的核心是准确地诊断孩子需要什么教育，而不是教师认为要施加给孩子什么教育。教师的专业成长需要适宜的教研来引领，生态教研就是指"遵循教师的成长规律，符合教师的成长需要，上下一体的教研"。

▲ 杭州市大成实验幼儿园教学现场

具体地说，生态的教研包含以下几层含义：

生态的教研是因材施教，为教师量身定做的；

生态的教研是个体之间的互助教研，形成上下阶梯、循环往复

---

① 本部分材料由杭州市大成实验幼儿园园长李奕提供。

的互助成长过程；

生态教研要培养教师的创造力，为教师提供创造的平台；

生态教研是轻负高质的教研，是高效的教研；

生态教研要强调情感、以情感带师德发展，倡导教师职业幸福。

（二）生态教研的运作模式

1. 瞄准方位——教研内容的选择

教研"研"什么？教师在什么情况下没看懂孩子？教师的困惑在哪里？他们需要什么样的帮助？本研究认为可采取两种策略，一是管理层结合最新的理论进行苦思冥想，从想象的空间、理论的角度来"猜测"教师的实际水平与理想水平之间的差异，并努力试图缩短这其中的差距；二是让教师自己提一提他们需要什么样的教研，以需求调查的方式来统计，但是从教师们空洞、贫乏的语句中能感受到他们的艰辛，不是他们不想成长，而是因为有的教师刚走进职场被繁重的工作压得透不过气，一头雾水，根本看不清方向。那么如何让教师看清自己的问题呢？本研究认为可以采用"情景反刍"法来帮助教师看懂孩子。

2. 有的放矢——教研案例研讨

以课例的方式来帮助教师解决问题，采取的步骤如下。

一是要解决教师们的思想问题，幼儿园的教师都很积极上进，要将自己的教学问题展示出来，让其他教师来"解剖"实在是为难了大家。针对此情况，可以提出这样的指导思想："关起门来练兵，走出门去精彩"，"不怕丢脸，失败越多，收获越多、成功越多"。

二是寻找题材，不是随机听课，是让教师有准备地执教，和其他教学观摩展示的试教联系起来，不给教师增加额外的负担，同时也提高试教的活动效率。

三是在教研活动中用各种不同的方法来帮助教师看懂孩子，主要有"情景反刍"、"梯级协助"、"以身试教"等方法。

3. 反躬自问——教研自我评价

效果好坏的衡量标准是教师是否在教研中获得自己所需要的经验和知识。教师参与率和发言的内容可以从一个侧面体现教师对教研的参与程度，本研究记录了三次教研中教师发言的时间和内容，并和以往的教研作了一次对比。与以往的教研相比，一个显著的变化就是：教研活动的主体从主持人（教研组组长）过渡到广大教师。而且教师发言的人数和时间都有所增加，虽然反驳和提出问题的教师并不是很多，但多数教师加入讨论，反映了教研有效性的提升。

（三）"生态教研"的策略分析

解决问题的典型策略归纳后主要有以下三种。

1. 情景反刍

情景反刍：反刍原来是指"牛羊等动物将半消化的食物返回嘴里再次咀嚼，目的是更加充分地消化吸收"。在此比喻为教师成长的一种手段，即将原来忽视的执教的细节进行反复回顾、推敲，以此为载体，通过集体讨论验证的方式，让教师掌握在此类情况下产生问题的应对策略。无论成功或失败的经历都是一闪而过的，如果不把握关键的"反刍"时机，就很难将这些有效的信息转化为宝贵的经验。

2. 梯级协助

梯级协助：不同工作年限的教师有着不同层次的经验，让每位教师在教研中寻找自己的发展位置。新教师可以在中青年教师身上学习他们已有的经验，以缩短自己的探索期，同时，由于青年教师外出培训的机会较多，参观考察的幼儿园也多，可以带回来一些新的思考方法和想法，为中青年教师提供新的思路；中青年教师借助新教师的眼界和思想，帮助自己打开思路，同时也在点评他人的活动中锻炼了自己的评价能力和语言表达能力。因此，在教研中提出"新教师提问题、工作3—5的年教师回答问题、高级教师评价问题"的实践方法，互相协助，让每位教师在教研活动中有"位"可"坐"、有活可干。

3. 以身试教

以身试教：青年教师常以自己的想法来思考孩子，常常有推陈出新的创意，但是这些创意是否适合孩子呢？这就需要通过让教师自己来尝试做一下小朋友，感受其中的情境，从而更好地理解教学、理解孩子。

（四）研究成效及反思

1. 教研的积极性和教师压力的探讨

教师参加教研积极性大大增加了，而且研讨的氛围也十分浓厚，通过随堂听课，本研究发现教师们在处理孩子的疑惑、教学环节的设计、教育策略的运用等方面均有所提升。但是有的教师反映被评价的时候，心理压力还是很大的，尤其是知道自己的课被拍摄的时候，状态也受到影响。另一位压力大的要数教研的主持人了，由于后期使用了效果分析的评价表，虽然是一个优化的改进举措，但是又有谁愿意常常看到教师们说自己表述不清，逻辑不强呢！因此，应该改进评价内容，在今后拍摄一些教师们的优秀教育策略，供青年教师讨论学习；教研评价可以修改提问的方法，可以问得再委婉一些，同时教研评价的使用度也不要过于频繁。

2. 方式的多元和可替代性的思考

教研为了能够捕捉更多的细节，常常让所有的教师一同到场听课，涉及后勤、行政等部门，牵涉的面就很广，因此考虑将其中一些课例用录像的方式来展示，尤其是更多地拍摄一些优秀的选段，作为教师的培训教材，提高教师的学习培训效率，减少一些功能重复的观摩和讲评。

3. 进一步完善教师成长档案

教研是教师专业成长的扎实途径，如果能够很好地记录将会很有益于教师的职业生涯。让教师记录下教研的收获，作为他成长档案的内容之一，教师需要记录自己每一次教研的发言，以及其他教师对自己的评价和自己对他人的评价。通过教研实录，建立教师教研档案，教师不但可以横向学习同伴的经验，更可以纵向比较自己在各次教研中的成长与进步，从而促进教师对自身专业成长的反思和提升。

三、集团化办学的实践反思——以杭州市东园教育集团学校为例①

（一）集团学校概况

杭州市东园教育集团学校核心集团学校——东园校区，创建于1909年，原址机神庙，供奉丝织之神，建于雍正年间，曾培养出以浙江省第一批特级教师林眉云为代表的一大批优秀教师。2000年，原树园小学并入核心集团学校。2002年，核心集团学校被命

① 本部分材料由杭州市东园教育集团学校校长吕晓丽提供。

名为杭州师范大学第三附属小学。2003 年新配套的流水苑小学纳
入本校统一管理。经过"嫁接"办学和"名校 + 新校"办学，
2004 年成立教育集团学校。2008 年，下城区教育局进行布局调整，
优质"子体"流水苑校区成功剥离"母体"，与京都小学组建成立
了京都教育集团学校。集团学校进入了"后东园"办学时期。流水
苑校区的成功剥离，是东园教育集团学校名校集团工作成效的有力
佐证，更是下城区教育局集团学校化办学、嫁接办学理论的鲜活案
例。2010 年下半年开始，树园校区实施"校安"工程，预计 2012
年年底完工。树园校区"校安"工程的顺利实施，将为集团学校进
一步发展奠定坚实的物质基础和保障。

▲ 杭州市东园教育集团学校东园校区

目前，集团学校下辖东园、树园两个校区，占地面积 10587 平
方米，建筑面积 8944.4 平方米。有班级 26 个，学生 874 人，专任
教师 77 人，现任教师中曾获得浙江省特级教师，省春蚕奖，杭州
市学科带头人、优秀教师、优秀班主任和杭州市教坛新秀，下城区
教坛新秀的有 57 人，占 74.03%。在办学模式和管理上，凸显紧密
型、一体化办学的集团学校特点，形成了"一校两区，理念一致、

资源共享、个性鲜明"的集团学校办学特色。

（二）集团化办学的成效与经验

近年来，集团学校按照"整体改革、和谐发展"的办学思路，围绕"一校两区，理念一致、资源共享、个性鲜明"的工作方针，扎实工作，创新工作。在工作中，集团学校加强了名校集团学校工作的组织领导，以集团学校章程建设、管理结构创新、制度体系完善为重点，推进集团学校各项工作，提升了集团学校品质，为进一步扩大优质教育资源，共建共享品质教育，实现"让更多的人接受更好的教育"的目标，作出了贡献。

1. 理念先行，理清工作脉络

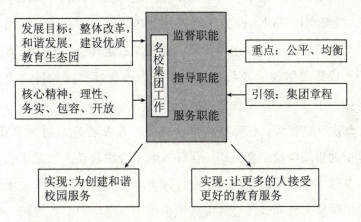

图3　名校集团工作运行示意图

集团学校根据"整体改革，和谐发展，建设优质教育生态园"的发展目标，结合集团学校"理性、务实、包容、开放"的核心精神，充分发挥集团学校理事会"监督、指导、服务"的职能。通过《集团学校章程》中确立的核心价值观去影响师生的行为和思维，作为思考问题、处理事情的基本出发点和归宿，从而形成一种文化自觉。借助《集团学校章程》的引领，不断完善各项教育教学制度，以提高公平、均衡的义务教育为重点，指导教师开展各类教科研活动，为创建和谐校园服务，让更多的人接受更好的教育服务。

2. 夯实基础，构建高效团队

集团学校工作的开展需要建立一个高效、公平的组织。因此，它必须建立在"制订者、监督者、执行者"三者有效参与的基础上。近年来，集团学校努力建立"制订者、监督者、执行者"有机统一的协调机制，扎实开展集团学校各项工作。

首先，制订者，健全组织机构。集团学校建立了以校长任理事长，书记任副理事长，副校长为理事，集团学校各部门主要负责人任成员的集团学校理事会。集团学校制定切实可行的《集团学校章程》，按时制订集团学校工作年度计划并进行工作总结。集团学校理事会成员还根据实际定期研究"集团学校运作"工作中的有关问题，形成集团学校内各校区工作的合力，通过共同探讨，统一思想，确保了集团学校工作的一致性。

其次，监督者，保障师生合法权益。监督者分为两个主阵地，一是借助集团学校工会组织，保障教职工合法权益。二是以校务公开为基础，保障集团学校两个校区师生合法权益。集团学校依法建立集团学校工会和教代会并发挥积极作用。坚持和完善教职工代表大会制度，提高教职工代表参政议政能力，促进了教师爱校、民主治校的积极性。

最后，执行者，体现《集团学校章程》人文性。集团学校围绕《集团学校章程》中梳理的理念和精神，结合文明校园创建和行风建设，集团学校在教师和学生中开展了广泛的学习、宣传和讨论。如，在招生工作中面临流动人口子女问题时，在两个校区资源配置中如何体现公平、均衡；在处理人际关系中，如何倡导大气、开放的风气，鼓励与人为善、多为他人考虑，建立和谐的校内人际氛围等。

3. 整体改革，推进集团学校管理

第一，三级课程，全面推进教育管理。

课程管理是集团学校教育管理的核心。自新课程改革以来，集团学校在实施以课程为核心的教学管理方面已经做了大量的工作。近年来随着"轻负高质"的呼声日益高涨和学生、家长对个性化教育的需求日益旺盛。集团学校也开始对原有的课程管理作出了重新调整，在"减负提质"和满足学生个性需求方面都作了积极有效的实践探索。

第二，四大举措，促进集团学校师资成长。

一是提供制度保障。集团学校在师资培训、教研、场地设备等方面，为各校区提供有效支持。二是实施课题引领。2009 年以来集团学校先后开展了"'语文课堂教学模块跟踪'对提高教研活动实效性的策略研究"、"亲近本土、回归生活——'活化'儿童水墨画教学内容与形式的实践研究"等课题研究。引领教师开展"教、研、学"合一的教科研行动。三是创设展示机会。集团学校相继开展了"运河杯教育学术研究活动"、"儿童水墨画教学课堂研究"、"陶行知生活教育理论研讨"等活动，更好地展示了集团学校的风貌。四是提供学习机会。集团学校还积极鼓励教师开展个人的学术研究，为名优教师外出培训、听课，开展课题研究，撰写教学论文、教学案例搭建平台，提供方便。

第三，长期坚持，特色品牌颇见成效。

经过多年的积累，集团学校对学校特色创建有了比较深入的思考。在集团学校特色品牌建设中，一是注意以集团学校工作的整体优化为前提，二是以师资队伍的整体素质为基础，三是树立长期坚持的思想，将特色品牌建设作为集团学校长期的战略来抓。到目前为止，集团学校已经形成的特色包括：学生科技活动、"圣野"诗社及儿童水墨画教学等。

4. 示范辐射，扩大优质资源

第一，"四一工程"，体现教学示范作用。

"送教下乡"：集团学校每学期都派出骨干教师到研究共同体成员学校"送教下乡"。通过骨干教师上示范课，观察对方集团学校教师的课堂教学，课堂教学后进行点评和讲座等，将集团学校先进的教育理念、最新的教育信息和研究成果与成员学校共享。

"进城观摩"：集团学校先后接待了研究共同体成员学校教师500余人次"进城观摩"。集团学校安排主要教学骨干教师提供现场教学展示，聘请特级教师进行讲评和讲座等。

"联合展示"：坚持每学年一次的"联合展示"。由集团学校联合研究共同体成员学校精心组织，挑选各成员学校的优秀教师集中在一个成员学校进行课堂教学的汇报展示。

"岗位互换"：为了进一步提升交流质量，加快提升研究共同体成员学校师资素质，集团学校决定开展教师的双向交流，通过"岗位互换"的形式深入对方单位教育教学的一线，担任相应的教学任务，参与成员学校的教学和管理，培养后备干部。

第二，共性个性，实现文化资源优化。

集团学校借助"教育文化年"活动，对集团学校的文化内涵进行了梳理，力图从制度、环境和管理等层面加以提炼，形成鲜明的东园文化特色。目前，东园校区已形成水墨画特色，树园校区已形成儿童诗特色。集团学校定期举办集团学校科技节、体育节、阅读节、艺术节等活动，有丰富的载体和表现形式，校园文化氛围浓厚，师生知晓率高。集团学校社会实践和文化活动丰富。集团学校内一学期至少举办一次各成员学校共同的文化活动，一学年至少举行一次校际学生交流活动。

（三）反思与展望

东园教育集团学校在以后阶段的发展中，应充分地利用好集团学校进入稳定发展期的各种有利条件和因素，遵循集团学校建设、发展的基本规律，坚守教育应有的道德和良知，坚持走集团学校内涵发展之路。在具体的操作上要注重以下几点。

一要进一步关注集团学校文化建设，以文化凝聚人心，建设充满活力的和谐校园。在完善集团学校整个价值体系的同时，以《集团学校章程》为核心建立健全相应的集团学校制度、规章体系；建设与集团学校文化相适应的教师文化、学生文化、课程文化和环境文化。

二要以全面的教育质量为核心，统筹集团学校的教学工作和德育工作。在关注学科之间均衡度的同时，进一步发掘和培育特色学科的发展，想方设法满足不同学生的不同需求。以关注学生生命成长为出发点，开展有针对性的、切实有效的德育活动。

三要坚持走教师专业化发展的道路。重视教育学术研究在教师成长过程中的引领作用；重视教学实践操作在教师成长过程中不可替代的作用。

四、社区教育的实践创新①

拥有一本"学习地图"，既可以到陆游纪念馆感受"夜阑卧听风吹雨，铁马冰河入梦来"的豪迈气势，也可以到广兴堂国医馆、张同泰药店感受中药的博大精深；既可以清晰了解家门口的市民学校、中小学、幼儿园及民办教育培训机构，也可以走进小巷里弄，感受素有"小弄堂，大风景"的耶稣堂弄堂……

这本地图就是《下城学习地图》。它由下城区社区教育委员会编纂，对下城教育资源进行了全面生动的梳理，是下城区社区教育的一个经典案例。在下城区，社区教育经过多年的发展壮大后，已在全区范围内初步构建起了一个纵向衔接、横向贯通的终身教育体系框架。

▲ 下城区社区教育实践创新工作推进会现场

---

① 本部分材料由下城区区委宣传部原副部长赵明、下城区教育局办公室副主任刘粉莉、下城区教育局机关干部李平提供。

（一）小空间　大作为

案例：如果社区里老外的身影越来越多，别觉得奇怪；如果家里收到联合国教科文组织印发的教育调查表，也别觉得惊诧。因为，联合国教科文组织亚太地区社区教育资源中心永久性地落户在下城。

打个比方，有了这个中心，杭州的社区教育好比拥有了一个"Google"网站，搜一搜，在家门口就能够第一时间搜到国际最新最好的终身学习经验。这个资源库，对老百姓来说，就是一个丰富的终身学习菜单。老年人可以上网看看，日本、韩国的老人点得最多的是什么课，退休以后都在学些什么；年轻人可以上网看看，国外的同龄人业余都在哪方面充电；在网上，同班同学天涯海角的都有。

打开下城区社区教育运作机制图，你会发现如此有新意的架构："五力合一、六线并举"。"五力"指政府推动力、部门协作力、市场运作力、社区自治力、群众参与力；"六线"指组织管理、资源投入、队伍建设、模式创新、评估促进、教育培训。在此基础上，还形成了"1971"社区教育网络架构，即1所区级社区学院、8所街道分院＋1所进城务工人员分院、71所社区市民学校。下城区社区教育还实现了"三个纳入"：纳入下城区国民经济和社会发展规划，纳入下城区新型社区建设规划，纳入下城区教育事业发展规划。

（二）小区域　大资源

案例：如果你认为教室、课程、师资还仅仅属于学校教育的范畴，那么你就"OUT（过时）"了。

游走下城，你会在许多地方不经意发现一种新的标志：由英文字母"c"和"e"演变组成，其外形像一只蝴蝶。这是下城社区教育的LOGO，"ce"既是社区教育英文单词"community education

（社区教育）"首个字母的缩写，又形似"下城"的"下"的拼音首字母。舞动的蝴蝶象征着市民舞动着"学习"这对翅膀，在下城各类教育资源的花海中吸取知识的营养，充分体现了"学习，让生活更美好"的含义。

如果你此时恰有心情，不妨揣上身份证或市民卡走进去，或许就能遇上一堂免费的插花技艺课。

"沙河灯火照山红，歌鼓喧喧笑语中"，早在宋朝，著名词人苏东坡就用这句诗描绘出下城区的繁华景象。下城这个"小区域"，却拥有教育文化的"大资源"。

下城社区教育
Xiacheng Community Education

▲ 下城社区教育 LOGO

这里，保留着众多"文化遗珠"：浙江第一师范旧址，以及马寅初故居、沙孟海旧居、明宅、梁宅等一大批重点文物保护单位。

这里，矗立着气象万千的"文化新坐标"——西湖文化广场、浙江日报社、浙江展览馆、省科技会堂、杭州日报社、杭州剧院等省市重要文化设施在区内集聚。

▲ 马寅初故居

▲ 西湖文化广场

这里，散布着星罗棋布般的文体设施。据统计，全区总计214个体育场所对外开放，人均体育占地面积已达到1.17平方米。

"15分钟文化圈、体育圈"基本形成。下城已成为浙江省、杭州市的文化、体育、新闻中心。

如何更好地利用这些资源？下城区想到了一条独特的路径：走资源集约化的路子。为此，下城区专门出台了《社区教育资源全域共享方案》，使得教育资源已经从教育一个部门独自运作迈入一个全社会共识、共享、共用的新阶段。

社区教育的内容也在延伸。下城区区域范围内的软硬件设施，包括场地、教室、设备、师资、课程、培训、活动等都纳入了社区教育范畴。同时，下城区还启动"1765"工程，即1所社区学院，7所街镇社区分院，65所社区市民学校，满足市民自由选择学习层次、学习内容、学习场所的需求。至今，"1765"已经发展到了"1971"，社区市民学校所拥有的专用教室达到92个。

不仅如此，在下城，采撷知识成为一种随时随地可以实现的愿望。比如"市民大课堂"，针对社区居民的需求，这里有提高居民手工技艺的"动手一族"，有增强家长子女教育知识和技巧的"家庭教育"，有普及科学文化知识的"科学生活"，有传播饮食文化的"快乐厨房"，有增加居民营养保健知识的"营养保健"等八大类。即便没有赶上开课，居民也可以购买《下城区市民大课堂系列丛书》。家有电脑的居民，则可以直接登录享学网（http://apclc.com）进行查阅、观看。通过建立教育与学习的信息门户网站，在这下城，学习既是当下的，也是长久的。

（三）小环境 大生态

"我都已经不记得上次看电影是什么时候了，不过有了这张灵通卡，我想今后会带着老婆孩子常来的……"在下城区石桥街道首批1万张专为辖区进城务工人员定制的"社区文化教育灵通卡"启动发放仪式上，杭州兴意金属制造有限公司的江苏籍员工李子龙和同事们作为代表，率先领到这张灵通卡，并在众安电影大世界免费观看了"大片"——《神秘代码》。

通过这张灵通卡，石桥街道的所有文体设施向愿意仰望星空的人们敞开怀抱。街道下属7个社区示范阅览室，以及景成、理工大、明珠、求知4所学校和景成羽毛球馆、游泳馆等文体活动场所全部成为"灵通卡"会员单位；同时，辖区内部分文具用品商店、文印店、教育培训机构、摄影馆等20余家文化产业单位与街道达成共建协议。持有"灵通卡"的外来人员，不仅可无条件进入任何一个社区示范阅览室和学校享受阅读、健身服务，对有偿服务的文化商家、教育培训场馆，也能享受实实在在的折扣优惠。

营造良好的教育生态环境，从本质上说，就是促进教育公平、均衡发展。下城在全区牢固树立"人人是学习之人，处处是学习之处，时时注重求知好学，事事注重以学求进"的社会理念。

建立健全以机关、企（事）业、社区、学校、家庭为支柱，覆盖全社会的学习型组织网络，努力构建家庭教育、学校教育、单位教育、社会教育"四位一体"的全民学习、终身教育体系，形成全方位、多层次、开放式的全民教育发展格局，让每一层次、每个年龄段的居民求知有学处，实践有用处，深造有去处，最大限度地整合各级各类教育资源，在下城"小环境"内营造了教育与学习的"大生态"氛围。

五、生态课堂的实践探索——以杭州市文龙巷小学品德课教学为例①

教育生态理论突出主张"生活观、生命观、生态观"三观统一，缺一不可。回归生活是道德教育的原则之一，儿童品德的形成源于他们对生活的体验、认识和感悟，只有源于儿童实际生活的教育活动才能引发他们内心的而非表面的道德情感，真实的而非虚假的道德体验和道德认识。生态的课堂应该是以生为本，关注生活的课堂，是学生所喜欢的课堂，是迸发出强烈生命活力的课堂！

（一）期待生命体验——生态课堂之"甘甜雨露"

生态课堂要求教师关注的绝不仅仅是知识，而是学习知识的人，他们的情感、态度、价值观，他们此时此刻课堂学习的质量以及精神生活质量，而不是简单地告诉孩子什么是对，什么是错。通过学生亲历的有效活动，让孩子自己悟到什么是对，什么是错，什么是该，什么是不该，即达成了自我教育，那么此刻的品德教育才是成功的教育。

如三年级《品德与社会》上册第二单元，以"我的家庭"为主体目标，学习"家人关爱我成长"一课，上课前先让学生做好回忆，调查，访问，寻找小时候的玩具、衣物、照片等准备工作，上这一课时还特邀学生家长参加。课堂上学生面对自己小时候用过、穿过、玩过的物品和呵护自己成长的妈妈，去探究自己成长的过程，回忆自己成长的故事，尤其是学生的妈妈介绍到在医院中怎样生他、怎样给他喂奶，怎样带他去看病时，整个课堂特别沉静，孩

① 本部分材料由杭州市文龙巷小学教科研主任高霞提供。

87

子们聚精会神地听着家长的讲述。家长介绍完自己的孩子成长的过程后，课堂上响起了不息的掌声。有的学生主动地走上讲台站在自己妈妈的面前，低沉地说："妈妈，我对不起您，不是您今天介绍我小时候的成长过程，我还真不知道您为我流了这么多的汗水和泪水。"说着母子俩抱在一起，全班同学都感动地流下了眼泪。学生就在自己身边的生活回忆中真正了解了自己的成长经历，感受到父母的养育之恩，体会到家庭中的亲情。

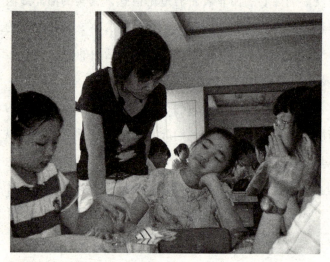

▲ 杭州市文龙巷小学的生态课堂

为了"导之以行"，让学生的深刻想法得以践行，课后，又组织了一次体验活动：回家送妈妈一份礼物，这份礼物要是自己动脑、动手做的，不可以直接买来。许多学生经过几天的设计、思考，自己动手做，真正体验到活动的意义。

（二）享受和谐氛围——生态课堂之"自由空气"

生态课堂给予学生更多的是学习兴趣的培养、学习习惯的养成、思维品质的提升。教师在课堂上注意力的分配顺序，首先应是激发学生的学习兴趣和愿望、培养良好的学习习惯，然后才是认知。这样的课堂是充满智慧的、实现生命成长的生态课堂。下面以《让我自己来吧》这一课为例呈现这样的课堂。

（在《让我自己来吧》的课始，出示"机器猫"的烦恼，试图启发小朋友）

师：你能不能想个好办法，让"机器猫"管好自己？

（可是，这帮刚入学的淘气包却没有反应。原来，许多学生的注意力被教室的椅子吸引住了，老师试图维持纪律）

师：比一比，看谁最听话？看看哪个小朋友能像前排这位同学一样，做个守纪律、爱学习的好孩子？

（可不见效，于是，老师决定换一种方式引起小朋友们的注意）

师（故作神秘地）：咦，怪了，教室里除了老师和小朋友的声音，我怎么还听见一样东西在唉声叹气？你们知道他是谁吗？

生（惊奇又大声地）：谁？

师：原来是我们有些小朋友坐的椅子，他们心里可难受啦。哪个聪明的孩子能猜出椅子的心事？

生：我想，有的同学坐在椅子上，老是这样（做翻动椅面的动作）动来动去，用力把椅子撞在下面的铁架上，椅子是不是撞疼了？

师（喜出望外地）：言之有理！

生：我也看见有小朋友在玩椅子，因为这个椅子跟我们教室的椅子不一样，它上面这块板（指椅面）会动的，所以很好玩。

师：椅子是供我们大家坐的，不是玩具。椅子说，有人老是这样玩，会影响他们的使用寿命的，到时，他怕身子坏了，就不能为

89

小朋友效劳了，所以很着急。你说，我们没有椅子能上课吗？

生：没有椅子，我们就得站着上课，那还不累死啊！

师：有没有同学觉得自己力气大，喜欢从上课站到下课的？

生（纷纷）：我不要站，我不是大力士……

师：看来，我们都离不开椅子这个好朋友。不过，椅子不高兴，还有另外一个原因呢，他看有的同学管不了自己的嘴，老说些跟上课无关的话，学习不能进步，椅子真替这些孩子担心哪！假如你就是我们现在教室里的一把椅子，小朋友坐在你身上又吵又闹，你会有什么感受？你想对小朋友说些什么吗？

生：我肯定会很难过的，我想对小朋友说，你们能对我温柔一点吗？我可是你们的好朋友啊！

生：我想说，请小朋友上课时不要只顾自己谈话，那样的话，就等于白来上课了。

师（欣慰地笑了）：听了同学们真心实意的一番话语，老师好感动啊！一（2）班的小朋友进步了。老师相信，一个在课上能自己管好自己的小朋友，在家里一定也不要爸爸妈妈操心，许多事情都能自己来做，对吗？那么，你现在能不能帮机器猫出个好主意，让他按时睡觉、按时起床，自己管好自己？

生：买个小闹钟来，调好起床和睡觉的时间。如果按时了，就到挂历上打个钩，表示这一天做得好。

对于学生来说，只有引导儿童学习和学会创造他自己的生活，才会成为有效的教学。生态课堂的和谐氛围，就像清新的空气，无形，无色，但弥散在教室的每一块空间，使每一个孩子能够自由、尽情地呼吸，让生活变得洒脱，心情变得美丽，使学习的每一天充满快乐。

（三）充满人文关怀——生态课堂之"温暖阳光"

生态课堂是教师与学生生命共同融入的课堂。教师与学生生命共同融入的品德课，意味着教师不仅要对学生的每一节课负责，而且要对学生的一生发展负责，生态课堂追寻的是品德教育与人文教育的和谐统一。应当说，每一个学生都是一个独立的、自成一体的、有生命力的生态小环境，由这些独立的生命组成的课堂无疑是一个生态大环境，它不仅需要讲究"生态平衡"，也需要"生态保护"，这是对生命的关爱和尊重。

在四年级上第三单元第一课《你是我的好朋友》时，班级中总是有部分学生不太合群，同学们不愿意和他们玩，这些特殊学生有的特别调皮，有的不太喜欢说话，还有的学习目前暂时落后许多，但是这些特殊学生身上也有自己的闪光点，如何让全班同学都能发现，让他们树立自信，这一节品德课正是最好的机会。

老师拿出一个信封，里面装着班级中一些比较特殊的孩子的名字，上课时请一位同学从中抽出了一张——小红。接着老师便让大家用语言大胆真诚地赞美小红。同学们一个接着一个地赞美着小红：每次上课举手总是很积极；别人碰到困难，你总是会去帮助他；你投沙包很厉害，每次运动会你都使出全身的力气投沙包；你每次打扫卫生都很认真……随着大家的夸赞，老师也不停地夸赞着：大家真会发现，在这节课中，小红的优点都被你们找到了……随着大家的夸赞，小红张着小嘴，笑眯眯的，眼睛眯成了一条缝。最后，她开心地说："平时我从来没有听到过大家这么多夸奖。今天我很高兴！谢谢你们！"老师趁势问：这样的同学大家愿意和她做朋友吗？有的同学马上站起来说："她身上有许多优点，平时我

91

只是注意到她的学习成绩，其实我也要向她学习，我愿意做她的好朋友。"此时，小红热泪盈眶。

　　以生为本，构筑品德教学的生态课堂，它沐浴人性的光辉，享受思想的自由；它充满诗情画意，充满教师的热情和学生的向往。这样的教学是一种精神相与，是一种生命交融的幸福。对品德教学的生态课堂的思考和探索，这仅仅是开始，而要让品德课堂成为生命的诗意栖居之所，让学生在生态课堂上享受、成就自己的诗意人生，则将成为更高的追求。

第五章

以特色项目为抓手，深化下城教育综合改革

下城实验区在教育改革实践中，非常重视特色项目建设，期望通过特色项目进一步深化教育综合改革。特色项目包括教育学术之区建设、梯级名师培养、教育因你而美丽——感动/影响人物评选、托幼一体化工程、"教育超市、教育公园"、杭州国际教育创新大会（文晖论坛）、沃态团队、市民大课堂、"主粮+杂粮"的培训知识体系、"名师共享"、课题招标、生态课堂节等。这里选取了部分特色项目予以展示分享。

第一节　学术涵养的提升——教育学术之区建设

为进一步增强下城区教育发展软实力，营造高品质教育生态，

打造高水平教育强区，实现全国一流和谐教育的目标，结合区委、区政府 2008 年"项目攻坚年"的要求，打造优质教育项目，在不断深化"教育文化"与"教育特色品牌建设"的基础下，提出推进教育学术之区项目，意在通过教育学术研究总结经验，夯实基础，探寻规律，保持下城教育领先地位，率先实现教育现代化。

▲ 下城教育学术之区建设推进会现场

一、实施背景

回溯下城教育的发展路径，以理念创新为引领，以"三二一"教育发展目标为努力方向，通过教育文化年与教育特色品牌建设年的深入推进，创造了诸多"第一"与"唯一"。这些"第一"与"唯一"是"学术"的准备与积淀，是推进教育学术之区建设的实践基础。这些也使得推进教育学术之区项目成为下城教育发展的必然选择，成为下城教育率先实现现代化的必然举措。

首先，是贯彻科学发展观的必然要求。科学发展观是党的十七大提出的核心理念，以科学发展观为指引是推进各项事业又好又快发展的根本前提，科学发展观的基本要求是按规律办事。教育是一门科学，要提高教育质量就要按教育规律办事。进行教育学术研究，就是要寻找教书育人的规律和有效方法，促进教师和学生共同成长，实现个人与组织同步发展，使教育学术研究真正为解决教育实际问题、全面提高教育质量服务，为深化教育改革，制定教育决策服务。

其次，是打造优质教育项目的具体实践。区委第八届第六次会议明确将2008年定为下城的"项目攻坚年"，提出用三年的时间打造"优质教育项目"，为下城人民提供更均衡、更公平、更充裕的教育，而这也正是教育学术研究的宗旨所在。教育学术最大的价值就在于提升教育教学质量。推进教育学术之区建设是实现教育向优质化发展的具体举措。

再次，是深化"教育文化"与"教育特色品牌"建设的客观需要。"教育特色品牌建设"的目的在于通过挖掘，提炼独特的校园文化，培育教育品牌，促进各校（园）、直属单位走内涵式、可持续发展之路。品质是品牌的基础与保证，学校的品质要由每位教师、学生的品质来体现。推进教育学术之区项目，提升教师素养，促进学生发展，是深入挖掘校园文化，创建校（园）、直属单位特色品牌的必然要求。

最后，是丰富和完善教育生态观的必然选择。教育生态观的内涵是尊重生命，尊重和满足教育共同体内所有成员的精神成长需要。教育生态观的基本特征是承认事物发展的多样性，尊重人的个体差异性。教育学术研究的基本特点是在自由开放的氛围中研究、探求事物的本来面目，发现教育规律，创造出符合教育实际需要的，能够有效地解决教育教学实际问题的理论和方法，形成教育者和被教育者都获得个性化发展的局面。因此，推进教育学术之区项目，也是进一步优化教育生态，形成教育的特色化与多样化，实现下城教育可持续发展的必然要求。

二、目标要求

打造教育学术之区是一个长期的系统工程。2008 年被定为下城教育学术之区项目推进年，力求为达成以下目标打下坚实的基础。

（一）整体提升教师专业素养，打造"智慧型"教师团队

树立以提高质量为核心的教育发展观，通过"生态课堂"研究、"轻负高质"教育研究等，引领教师聚焦课堂教学、关注学生学习、发展教学技能，形成学术强教、学术优教思想，以研究的态度对待教育教学工作，锤炼思想的深度与锐度，生发教育智慧，提升教育质量。

（二）促进学校特色化发展，形成"学术校园群"

通过教育学术之区建设，研究探寻学校特色化发展之路。秉持特色文化理念，挖掘学校文化内涵，提炼"促进人人成长"的校园文化特质，培养和锻造具有鲜明学校特色和影响力的校（园）品牌，形成"多元、特色、科学"发展的"学术校园群"。

（三）淬炼下城教育基因，凝炼教育文化特质

教育学术之区建设是一个不断累积的过程，通过区域教育生态理论研究，培育教师的教育情怀，养成正确的教育价值观，追寻下城教育精神，使下城的管理文化、校园文化、教师文化、教学文化等都具备下城教育的独特基因，形成下城教育文化特质。

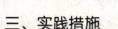

三、实践措施

推进教育学术之区项目要与教育教学实际相结合、与教育教学管理和教师专业成长相结合，以项目带动。各校（园）、直属单位要将推进教育学术之区项目作为各项工作的统领，谋划部署，制订方案，抓出成效。

（一）理念引领，营造教育学术文化

持续推进全国教育综合改革实验区建设，深入开展国家级课题"以教育生态理论促进区域教育现代化的实践研究"的理论研究，并积极实施成果转化。以教育生态理论为引领，全面打造"好的教育"，开展好的学校、好的班级、好的教师等全方位的创建活动。加强学习型组织建设，创设全方位、多形式的学习平台，树立自觉学习、善于学习、终身学习的理念，全面提高全区教育系统的学习力、创新力。广大干部和教师要坚持"把工作当成学问做"，努力使读书学习成为一种生活态度、一种工作责任、一种精神追求。深化打造"智慧下城"、建设"文化强区"的目标，不断淬炼下城教育的价值理念、制度体系和管理机制，形塑下城教育的文化基因。深入开展"我们的教育价值观"大讨论，进一步理解"先一步、高一层、可持续"下城教育精神的时代内涵，同时，认真梳理、提炼学校（园）精神、团队精神、教师精神，涵养"高位高尚教育"的区域特质，办人民满意的教育。

（二）优化团队，构建教育学术组织

加强中国教科院下城教育生态研究中心和浙江大学教育学院教育生态理论研究所等不同层级的研究机构和学术组织建设，充分发挥其引领、指导作用。筹备成立中国教育学会教育生态研究中心，依托中国教育学会的影响力，提升下城教育生态研究理论与实践的示范效应。全方位加强区教育研究发展中心建设，加大投入，加快新址建设，努力将研发中心打造成全省乃至全国一流的教育科研学术研究中心、教学研究中心和教师成长基地。坚持走基层、抓基础、建基地，增强研究员的专业素质和工作能力，全力将每一个研究员打造成下城教育的"金名片"。着力打造学术型"沃态团队"，积极开展优势学科基地申报，建设一批具有示范引领作用的学科研训基地，打造一批优秀学科团队。加强校（园）教科研队伍培训，培养一批有潜力、会研究、善指导的科研骨干教师团队。

（三）整合力量，集聚教育学术资源

依托中国教科院、浙江大学教育学院等研究院校的专家资源，广泛会聚高校或科研机构的专家教授、教育以外行业的精英以及省内外具有特级教师称号的教师、教研员，建立专家资源库。借助专家的智慧和力量，合作开展学术研究，开拓学术视野，以研究解决区域教育发展中的问题。全面实施数字校（园）示范工程，初步建立下城教育 IDC（互联网数据中心），建设教育学术资源数据信息库和课题研究网络管理系统，形成优质教育学术资源"共知、共建、共享"服务平台。以"教育家办学"为导向，全面推进区域教育人力资源专业化发展工程，培养一批具有教育家潜质的名师、名研究员、名校（园）长。健全局管干部培训体系，加强局管干部和教育行政人员培养，丰厚干部的学术素养，努力提升干部的管理水平和艺术。

（四）加强研究，遵循教育发展规律

以国家级课题"以教育生态理论促进区域教育现代化的实践研究"为抓手，形成《好的教育：区域教育生态理论的研究与实践》等一批标志性的、具有影响力的学术成果，加快研究成果的转化与推广。引导广大教师树立"工作即研究"的思想，继续推出草根研究专项课题、草根案例研究等面向一线教师的研究项目，鼓励学校、教师、研究人员、教育行政人员都积极参与草根课题研究，形成丰富的草根课题研究成果体系。各校（园）要关注现实中的教育教学问题，确保教育科研的真实性、有效性、针对性。深入开展"生态课堂"研究，破解新课程改革和"轻负高质"推进过程中的难题，探索"以生为本"的多层次、个性化教育，优化教学策略，不断提高课堂教学的有效性，切实减轻学生不合理的课业负担和精神负担。每年举办一届"生态课堂节"，积极推介生态课堂的理念、构建模式和方法，扩大生态课堂的辐射力。继续深化具有下城特色的区域教育质量监测体系研究和发展性督导评估研究，开展学生学业质量监测和课业负担专项监测，以科学、规范的监测与督评手段诊断教育教学，推动教育教学质量提升，打造区域教育质量监测国家样板区。

（五）强化保障，为教育学术之区建设保驾护航

要加强领导，成立推进教育学术之区项目工作领导小组。领导小组负责拟订并出台相关的政策文件和发展计划，对打造教育学术之区项目作出全面部署；领导小组下设办公室，负责各项工作的指导与落实。

组织针对集体和个人的多层次、多维度的评比活动。促进各校（园）、直属单位间的交流与展示，达到相互启发，共同提高的效果。各校园（园）、直属单位要立足单位实际，开展特色评比活动，使每位教师获得成功体验。

从过程与结果两方面入手，加强对各校（园）、直属单位的考核评价，并列入年终目标考核特色加分部分；及时总结、表彰各校（园）、直属单位推进"教育学术之区"工作的成功经验，并在全

区范围内推广。

　　整理成果是为了总结过去，创造未来。区教育局要整理下城教育改革开放以来的发展成果，重点筹建下城教育"发展馆"；结合制度建设工作，梳理、汇总各类制度文件。各校（园）、直属单位要总结发展历史，梳理发展脉络，提炼各种形式的发展成果。

第二节　教师成长的摇篮——
"梯级名师培养工程"实施

　　教育的发展，最终要靠人的进步来实现。教师整体素质的提升才是教育发展的不竭动力。统筹教师队伍建设，提升教师队伍整体素质，才能为教育事业培养出大批合格的高质量的后备人才。随着社会对优质教育资源需求的不断提升，仅靠几个名师（特级教师）已远远不够；受职称评定名额的限制，许多优秀教师在评上中级职称后，很难再更上一层楼，年轻教师崭露头角更是不易，而特级教师因登临事业巅峰，也失去了新的奋斗目标，如此等等的现实问题，在一定程度上阻碍了教师整体素质在原有基础上的提升。其结果势必会影响整个教育的成效。怎样才能够打破这种颈瓶？下城推出的"梯级名师培养工程"，是打破如上瓶颈的具有借鉴意义的路径和做法。

　　这一工程是站在以人才强教带动整体发展的战略高度，致力于为不同年龄、不同区域教师，不同类型和不同层次的教育人才创造并提供发展的机会与空间，加大学术梯队建设力度和培养选拔力度，全面提高区域教师队伍的科学文化和思想道德素质。其指导思想有三。一是为进一步贯彻落实《关于推进下城区人才强教战略的实施意见》精神，从现代教育发展的实际需要和教师成长规律出发，努力培养一支在教育教学方面有专长的骨干教师队伍，进一步提高中小学和幼儿园实施素质教育的能力和水平，为下城区教育可持续发展提供有力的人才支持。二是为进一步优化教育生态，争创全国一流教育，有利于下城教育均衡发展，提升教育办学品质，以实现更均衡、更公平、更充裕的小康社会教育目标。三是为进一步落实教师成长工程，建设一支与高品质教育强区相适应的教师队伍。把师德高尚、学养丰厚、教育教学能力强、业绩突出、满意度高的教师定为"梯级名师"的培养对象，发挥名师的专长，促进他们的成长。

▲ 下城区梯级名师表彰会现场

这项名为"梯级名师培养"的工程是下城教育为贯彻落实"人才强教"战略、推进教育均衡化而推出的一个重要举措。这项工程构建了由下城人民教育功臣（对下城教育事业具有杰出贡献的教师授予"下城人民教育功臣"，为终身荣誉）、教育名家（不超过在职教师的2%）、教育英才（不超过在职教师的5%）、教育标兵（不超过在职教师的15%）、教育能手（不超过在职教师的30%）组成的骨干教师人才梯队，从高到低相应称其为：五星级教师、四星级教师、三星级教师、二星级教师、一星级教师。

专门成立评选领导小组和专家认定委员会，对五星级、四星级、三星级教师进行评定；二星级和一星级教师由校（园）、直属单位根据实际情况，制订相应的方案，对照评选条件，组织考核与评审。评选程序为：推荐申报—考核认定—公示审批，整个过程公正、公开、公平。

为规范名师队伍管理，充分发挥名师资源的优势及名师的引领、示范与辐射作用，下城区教育局进一步成立了名师管理中心，并制定了《下城区名师管理办法》，规定名师管理遵循"规范认定"、"责权统一"、"奖惩并举"的原则，实施能进能出的名师动态管理机制。至2011年，下城区共评选出梯级名师1598人，占在职教师的50%，壮大了下城教育的阶梯型名师群，形成了下城教育独特的人才培养基因。下城"梯级名师培养工程"的特点和意义有如下几点。

1. 名师平民化：让每位教师都拥有机会

梯级名师培养不是单纯的荣誉评定，而是在原有人才优势的基础上实行的一项激励性政策，从着眼特级教师的"精英"视角，回归面向全体教师的"普及"视角。它最大的亮点在于，它的评定，不是个别资深教师的"专利"。除去了教龄、年龄、级别等限制，只要在下城区任教满一年、教龄三年以上的全区在职教师，均可参加相应类别名师的认定。"梯级名师培养工程"的推出，为不同层次的教育人才创造并提供发展的机会和空间，激发了每一个教师发展的积极性和主动性，激活了教师队伍整体素质的不断提升。

2. 培养梯队化：让每位教师都找准定位

梯级名师评选条件涉及学历、荣誉、职称、教科研等各个方面，根据综合情况设置不同梯队，为不同层次的教师量身定制不同的培养方案。与此同时，名师梯队高达50%的比例，意在让每位教师都有自己的定位及在现有基础之上的发展空间。分梯度的名师界定方式，则使教师既不妄自菲薄，把名师看成高不可攀，也不妄自尊大，把名师泛化。梯级培养，既让教师对"现在"有清醒的认识，更让教师对未来充满憧憬。"梯级名师培养工程"集评定、培养和指导为一体，通过分层培养指引了教师发展的方向，激发了教师教书育人的热情，使师资培养更具有针对性。

3. 认定限期化：让每位教师都奋起直追

"梯级名师培养工程"的最大意义在于充分利用好人才资源，激励教师不断进取。根据《下城区名师管理办法》规定，实施能进能出的名师动态管理机制，评出的"人才梯队"每两年认定一次，其中"下城区人民功臣教师"相当于杭州市正教授级，为终身荣誉。同时，建立名师考核评价制度，在学校考核的基础上，区名师管理中心于每年6月根据名师的职责、条件等组织考核，对有不安心教育教学工作、不履行名师职责、违反师德、从事有偿家教、有损教师形象及年度考核、名师考核等级为不合格者，一经调查核实，将取消名师称号，不再享受有关待遇，从而增强了教师队伍的生机和活力。

下城的"梯级名师培养工程"，旨在激发下城每一位教师发展的积极性和主动性，为每一层次教师成长搭建更宽广的平台和确定更高层次的目标，激励教师整体素质不断提升，涵养名师群。在区域教育生态环境中，下城区通过实施"梯级名师培养工程"的新举措，不拘一格降人才，使得优秀师资不断扩张再生，最终将形成人才梯队的"一池活水"，从而推动下城教育实现均衡优质、持续和谐的发展。

第三节　教育影响的扩展——
感动/影响人物评选

　　"教育因你而美丽——感动/影响人物评选"工作，是下城教育贯彻落实党的十七大精神，推进教育综合改革实验区和教育学术之区建设的创新举措；是下城区教育局工作重心进一步下移，扩展教育影响，关注广大教师专业成长和精神成长，提升教师职业幸福感的有力行动，是下城教育特色品牌项目之一。

▲ 下城区第五届感动/影响人物颁奖现场

　　下城教育从 2007 年开始便开展了"教育因你而美丽——感动校园人物评选"活动①。这一活动倡导的是"一分耕耘，一分收获"，关注下城教育的每一位校长、一线教职工、学生、家长，传

――――――

　　① "教育因你而美丽——感动校园人物评选"最初名称为"校园因你而美丽"，是下城教育人从教育生态的角度出发对草根情怀的一种表达。

递着对每一个普通劳动者的深深敬意，表达着对"劳动最光荣"这一传统美德的大力弘扬，抒发着对每一个无私奉献者的热烈讴歌。在首届"教育因你而美丽——感动校园人物评选"活动中，评选活动历时近两个月，最终产生了吴林富、顾未青、孙洁华、金军、徐志强、丁永平、殷琪、沈敏、汪梦圆、吴承晟等感动校园人物。2008 年评选出将"轻负"与"高质"完美结合的安吉路实验学校教师冯涛，"麦田里的守望者"、努力为学生营造温馨的心灵港湾的明珠教育集团学校教师白万红，以"一点"研究探寻职业幸福的长寿桥小学教师胡早娣等一批奋战在教育一线的优秀教师；还评选出科技发明道路上的追梦少年、浙江传媒学院实验中学学生李明，雷锋精神的传播者、新华小学退休教师王孝文；此外，还有以身立教的父职楷模、景成实验幼儿园家长李湘民，一位每天早早上班，给花草浇水，还经常帮助家长带孩子，对自己的工作尽职尽责的幼儿园保安董樟春（见表1）。好的教育不仅要依靠学生、教育者，更需要外界的支持。下城教育之所以能够持续领跑浙江省乃至全国，就是因为下城区每一位教师、学生、职工、家长以及社会各界对教育的热切关爱和努力付出。广大离退休前辈及社会人士关心教育、无私奉献，全体教师静心教书、潜心育人，莘莘学子刻苦求知、修养德行，众多职工爱岗敬业、踏实工作。处在下城教育中的每一个人，都在各自岗位上，用平凡的行动、执著的追求，将理想与使命化作美妙的音符，演绎出一曲曲感人的进取之歌、奉献之歌，展现了下城教育人的魅力与价值。

表1 下城区教育局第二届"十大感动校园人物"一览表

感动人物	工作单位	感动印象	颁奖词
冯涛	安吉路实验学校教师	了解到8%的学生认为进入中学后单词的拼写记忆是学习中遇到的最大困难，冯涛老师就开展生动的情境教学，克服学生的畏难情绪；布置用英语为体育赛事配音、为父母精心制作感恩节食物等个性化作业，激发学生的学习兴趣。在英语课上，学生学得轻松愉快，学得事半功倍。她说：真正的"高质"是看到孩子们充满热情地参与英语活动，自信地展示自己的特长本领，在生活中体会生活的美好。	面对病痛的折磨，她采取的是藐视；面对学生的成长，她迸发的是热情。经历三次手术，却依然傲立三尺讲台，她用"仁"与"智"的完美结合，演绎出一部"轻负"与"高质"的和谐乐章。
白万红	明珠教育集团学校教师	班上的孩子都是进城务工人员子女，周末回家无人照顾，出于教师的责任与良心，白老师充当了33个新杭州儿童的"周末家长"，义务给学生辅导功课，带领学生游览名胜古迹（留存照片上万张），为每个学生组织别样的生日……一坚持就是三年，他以自己的守望、相助，让"流动花朵"也与城里的孩子一样，享受同样的阳光、同样的爱。	出于教师的责任与良心，他成了一个"麦田里的守望者"，守望着33个新杭州儿童。自选择担任"周末家长"的那天起，他义务给学生辅导功课，带领学生走遍杭城的名胜古迹、寻常巷陌，努力为那些飘飞的"蒲公英"营造温馨的心灵港湾。他是善的使者，美的象征！

续表

感动人物	工作单位	感动印象	颁奖词
金宏	永天实验小学教师	她是一个仅有六年教龄的年轻教师，"让每一朵花都能美丽绽放"，是她的梦想与追求。对班上一位自闭症学生非常关心，针对他的实际情况，制订行为习惯养成计划，每天及时记录该生的表现，调整进度与策略；为了使指导科学化、系统化，查阅了大量的关于自闭症的医学知识。四年过去，该生从刚开始连口算题都不会做、不与人交流的"怪"小孩成为一个学会解决问题、能做小老师的"乖"小孩。	她看似柔弱，却蕴含着力量。"让每一朵花都能美丽绽放"，是她的梦想与追求。她坚信：只要坚持，铁树也会开花！从教六年，她以无私的爱心，点亮了孩子的心灵；她以教育的激情，升华着绚丽的青春！
胡早娣	长寿桥小学教师	作为教科室主任，提出自下而上的学校科研发展思路，搭建了一点研究—校级课题招标—区级以上课题立项三级课题训练制度，形成了学习—研究—成果—展示—新学习的良性循环体系，引导教师在研究中反思，在反思中成长，克服职业倦怠，收获职业幸福。	严谨是她的治学态度，平实是她的做人风格。她并无惊天动地的伟业，感动只缘于始终秉持甘于寂寞、一心向学的学术精神，笔耕不辍，探寻教育的真谛，为自己、为同事开启了幸福的门！

续表

感动人物	工作单位	感动印象	颁奖词
高虹	大成实验幼儿园教师	班里有一位脑瘫患儿，20个月大时既不会走路，也不会开口说话。两年多来，高老师从喂饭、换洗衣服（小便解在裤子上）等细节入手，给予他无微不至的关爱，该幼儿各方面进步明显。从教17年，她以阳光的笑脸温暖着每一个孩子；业余，还是一名社会义工，积极参加志愿服务活动。	与其说她在传授知识，不如说在播撒"爱"的种子。从贫困孩子到特殊幼儿，她以阳光的笑脸温暖着每一个孩子；从幼儿教师到社会义工，她用满腔的热情服务社会。予人玫瑰，手留余香。她说，最好的感激就是把爱心传递给更多的人。
高永刚	青春中学教师	2007年3月，告别弱妻幼子，到新疆和田五中支教，开始为期一年半的援疆支教工作。期间，克服水土不服等困难，承担了繁重的教学任务，在双语班根据维吾尔族学生的特点进行趣味教学，学生成绩节节上升，被和田市委、市政府评为"支教先进个人"。	他，用对祖国、对事业、对学生的大爱，凝铸成高尚的师魂，如一方坚而不脆、拙然如璞的和田玉，在岁月风沙的磨砺中，执著地守护着心中那片希望的绿洲。从繁华的城市到贫瘠的大漠，安守贫穷与寂寞，他的言行生动地诠释了一个师者的神圣职责。

续表

感动人物	工作单位	感动印象	颁奖词
李明	浙江传媒学院实验中学学生	杭州市少科院小院士，课余喜欢小制作、小发明，有多项发明在省市乃至全国各类科技比赛中获奖。为迎接北京奥运会的到来，曾和同学发起"邀你一起做鸟巢"活动，吸引了广大市民的参与。	出身寒微，发奋苦读，他以智慧书写着当代高中生的成长故事；书山有路，科海无涯，他以勤奋求索着科学的博大精深。天道酬勤，多项发明获大奖，当选少科院小院士，是对他最好的肯定与鼓舞！
王孝文	新华小学退休教师	"雷锋叔叔没户口，三月来了四月走。"这是民间流传的一句顺口溜，反映了雷锋精神在当今社会的尴尬境地。但王老师退休后，运用自己多年收藏的关于雷锋事迹的各种珍贵图片、书籍、塑像、奖章、画册等资料，组成流动雷锋纪念馆，到学校开展雷锋精神教育，通过形象生动的展览告诉孩子们："学雷锋其实挺愉快的！"	他是一名执著的追星族，雷锋，是他一生所追随的明星；他是一位朴实的退休老教师，一直视传承雷锋精神为使命，将高尚品质化作涓涓细流，淌入少年学子的心田。他似春风，不求回报，荡涤心灵，润物无声。

感动人物	工作单位	感动印象	颁奖词
董樟春	东园婴幼教育中心门卫	他是下城十七万进城务工人员当中的普通一员，坚守敬业、勤业、精业的信念，努力把每一件小事都做到最好，尽心尽力把守幼儿园安全的第一道防线。为保障幼儿园安全，5年没有回老家过年。台风、暴风雪等灾害天气来袭，他当仁不让；安全巡视，他不放过任何一个细节，曾协助警方抓获一名"惯偷"。	他是下城十七万进城务工人员当中的普通一员，也是下城和谐教育建设大军当中的平凡一员。他坚守敬业、勤业、精业的信念，努力把每一件小事做到最好，尽心尽力把守幼儿园安全的第一道防线。他的生命因为平凡而愈显精彩！
李湘民	景成实验幼儿园家长	当前，"父亲淡出教育"，是一个普遍现象。但李湘民将"父亲"定义为一个需要终身学习的角色，将普及父职教育作为新的事业进行研究，在成为幼儿园父职俱乐部主任后，策划、组织丰富的亲子活动，组织家长们探讨"在新父亲时代怎样做老爸"等问题，成为幼儿园父职教育的楷模。	他将"父亲"定义为一个需要终身学习的角色，他将普及父职教育作为新的事业，他是爱的使者，用心经营着父爱。在孩子眼里，他是爱心爸爸；在老师眼里，他是热心家长；在家长眼里，他是父职教育的领军人物。

　　"教育因你而美丽——感动校园人物评选"活动历经几年的完善和发展，已成为下城教育构建"高位高尚教育"的创新举措。它在传递下城教育"重心下移、服务基层"的文化理念的同时，表达了下城教育"善待教师、相信教师"的教育情怀，抒发了下城教育"尊重劳动、崇尚奉献"的感恩心态。每一届评选都有其内容和形式的传承与变化：在评选第二届"十大感动校园人物"①的同时，增评"十大品质人物"②。在第四届评选中，将名称由原来的"校园因你而美丽"拓展为"教育因你而美丽"，并首次将团队和离退休教师列为参评对象，同时首次设立了视频展示候选人物事迹和通过当地报纸《今日下城》由教育系统外的人士投票的方式，还首次启用校园网络直播系统，向各校园现场直播此次活动，设立网络互动环节。为进一步表达对社会各界的感恩之心，挖掘身边更多的优秀人物和感人事迹，2011年的第五届"教育因你而美丽——感动

---

　　① "十大感动校园人物"评选标准：师德高尚，教书育人：具有崇高的教育责任和使命，坚持育人为本、德育为先，是学生健康成长的指导者和引路人；注重学为人师、行为世范，是下城教育改革发展的践行者和引领者。业务精湛，善于攻关：能与时俱进，善于学习前沿理论和知识技能，自觉践行"轻负高质"；熟练掌握科学的理念与技术，有相当的知识储备；教学水平一流，学生成绩突出，具有驾驭教育现场的能力和智慧。爱生敬业，乐于奉献：具有健康靓丽的生命样态，身体健康、精力充沛、精神饱满，有较高的教育品质；服务学生，服务学校，扎根下城，以平凡朴实、艰苦执著的工作和行动打动人心。至2011年共评出五届。
　　② "十大品质人物"是下城区教育局对"十大感动校园人物"的补充，也是对"教育因你而美丽"这个品牌的进一步拓展，都是下城教育发展的特色品牌。首次评出的"十大品质人物"有丁咨岚、王佳琦、毛清建、孙铃、邱国强、陈云霞、金晓若、费利华、钱军民、黄炎淼。

人物（团队）评选"，增加了"影响人物（品牌）评选"①。

第四节　教育文化的融合——
国际教育创新大会举办

教育的发展和完善，除了要依靠在本土基础上形成的、解决本土问题的教育文化之外，更需要学习和吸收那些与时俱进的、大背景下的世界性的教育文化。这种大背景下的教育文化，需要以开放交流为重要手段，合理引进和利用外在资源。教育要保持生机、活力和繁荣发展的势头，必须扩大教育对外开放，让各种教育文化在开放的环境中得以交流与发展。

下城教育在发展自身教育文化的同时，也不忘吸收外界积极的教育文化，大力开展国际教育交流与合作，逐渐发展成为下城的另一种教育文化。自 2003 年始，下城每年都会举办中国杭州国际教

---

① "影响人物（品牌）评选"是下城区教育局对"感动人物（团队）评选"活动的深化，影响人物（品牌）的评选对象包括：近年来在某些领域对下城教育发展作出突出贡献的领军人物；近年来对下城教育有较大推进作用并引领下城教育未来科学、高位、可持续发展的，有影响力的品牌。在首次"影响人物"评选活动中，共有杨蓉、陈欢庆、王红军、赵婷婷、赵士勋、徐闻音、范琪、陈怡、汪琪、欧自黎、周慧 11 位人物当选；在首次"影响品牌"评选活动中，共评选出了 52 个影响品牌，其中，区域层面 21 个，校园层面 31 个，还有 15 个特色项目。

育创新大会①。大会已成为联合国教科文组织在下城的常设性会议，成功搭建了国际教育交流、合作与资源共享的平台，积极助推了杭州乃至浙江教育与国际教育的进一步接轨与融合。这种全球性的教育交流彰显了下城独有的国际性的教育文化特色。

▲ 中国杭州国际教育创新大会现场

2003—2011 年，九届中国杭州国际教育创新大会，每一届会都有要关注和解决的教育问题（见表2）。大会期间先后有来自40多个国家和地区的350多位知名专家学者，以及来自联合国教科文组织的多位官员和10000多位国际、国内代表参加了大会，累计有40多万字的媒体宣传报道。期间，下城成立了浙江省唯一一个区域性APEID中心；两所联合国教科文组织项目实验学校（杭州市明珠集

---

① 中国杭州国际教育创新大会起步于2003年。为纪念 APEID（亚太地区教育革新为发展服务计划）成立30周年，联合国教科文组织曼谷办事处与中国联合国教科文组织全国委员会商定，鉴于下城教育在教育革新方面的成就，联合国教科文组织第九次国际教育创新大会在下城区召开杭州下城分会。此后，每年召开一届中国杭州国际教育创新大会。

团学校、杭州市安吉路实验学校）授牌；中国杭州国际教育创新大
会先后成为西湖国际博览会正式项目、注册项目，并被确立为联合
国教科文组织常设性会议；联合国教科文组织亚太地区社区教育资
源中心及全民教育质量监测联络中心同时落户下城；中国杭州国际
教育创新大会专题网站开通；设立亚太地区教育创新奖·文晖奖①；
亚太地区社区教育资源中心专题网站"享学网"开通；中国教科院
下城教育生态理论研究中心挂牌成立。这些教育资源的引进，让下
城的教育文化在立足自身发展的基础上也不断得到丰富的滋养，逐
渐强健自身的文化根基。

---

① 由联合国教科文组织亚太地区教育局、中国联合国教科文组织全国委
员会与下城区人民政府共同发起，并由下城区人民政府出资，设立亚太地区教
育创新奖·文晖奖，以表彰在教育革新及推进教育国际交流方面作出突出贡献
的团体或个人。"文晖"，引自"唯昆与季，文藻相晖"，寓意教育对文化与社
会发展的渗透、辐射、促进作用，也寓意教育事业本身以内涵求发展，以含蓄
显品质。"文晖"，同时暗合历届创新大会主会场——下城区行政中心地处的
文晖路。"文晖奖"象征着获奖者厚德载物、泽惠于民，彰显获奖者在教育创
新领域的巨大成就及对提升教育品质、推动社会发展所作出的重要贡献。至今
共评出三届，首届文晖奖（2010 年）获奖项目包括柬埔寨的"高棉盲文与高
棉手语创立"项目、中国北京外国语大学的"歆语项目"；荣誉奖项目有马来
西亚的"农村智能学校标准项目"、印度草根信托组织的"改善印度西北方邦
城市贫困区对穷人的教育"项目及印度的"凿壁上网（Hole-in-the-Wall）教育
项目"。第二届文晖奖（2011 年）获奖项目有不丹的"学会共处：午餐供给计
划"、马来西亚的"社区参与提高学校绩效：Ulu Lubai 国民学校的经验"；荣
誉奖项目有泰国的"湄公青年网"；终身成就特别奖：L. R. 基松宾博士（Dr.
Lourdes R. Quisumbing），亚太地区国际教育和价值教育联合会（APNIEVE）
创始人、终身名誉主席。第三届文晖奖（2012 年）获奖项目有中国的"可持
续发展教育创新"项目、印度的"SEARCH"计划；荣誉奖项目有柬埔寨的
"Voice for Change"项目、马来西亚的"绿色化学：走向可持续发展教育的途
径"及巴布亚新几内亚的"绿色低碳社会创新"等。

表2　历届中国杭州国际教育创新大会一览表

届 别	时 间	主 题	议 题
第一届	2003－11－04 至 2003－11－05	"教育革新为发展服务"	"教育创新为社会、经济和文化的可持续发展服务"、"教育创新为人的全面发展服务"和"优质教育体系的建立"
第二届	2004－10－13 至 2004－11－10	"革新、交流、发展"	"民办教育政策与革新国际研讨会"、"职业技术教育师资培训国际研讨会"、"基础教育陶艺教学研讨会"、"朱雪丹教育思想研讨会"、"发展成功智力构建现代学校研讨会"、"大学在基础教育改革中的作用高级研讨会"
第三届	2005－10－27 至 2005－10－28	"以创新实现优质全民教育"	"社区教育现状与展望"、"流动人口子女基础教育教育研讨会"、"0—3岁婴幼儿早教资源开发与利用"、"教育集团化与优质教育资源扩张"、"教师专业成长与基础教育课程改革"
第四届	2006－10－20 至 2006－11－10	"以教育文化促进社会和谐"	"国际理解教育政策研讨会"、"终身学习与社区教育国际论坛"、"课程改革与学校创新活动"、"06创新教育发展论坛"、"0—6岁婴幼儿学前教育发展论坛"、"'以教育文化引领学校发展'全国百名校长论坛"

续表

届　别	时　间	主　题	议　题
第五届	2007－10－26 至 2007－11－05	"以教育的多样性促进教育和谐发展"	"课程改革与社会进步国际会议"、"全纳教育·和谐校园国际研讨会"、"全民教育质量监测与评估国际研讨会"、"基础教育质量监测与评价研讨会"、"多元学习　快乐成长：幼儿教育发展研讨会"和"教育品牌建设与教育可持续发展论坛"
第六届	2008－09－18 至 2008－09－20	"生态文明科学发展——以教育生态理论促进教育可持续发展"	"东南亚地区可持续发展教育协作与能力建设研讨会"、"社区学习资源中心建设国际研讨会"、"科学发展观下教育局长的责任与使命——教育局长论坛"、"集团化办学研讨会"、"生态课堂教学展示活动暨下城区首届'生态课堂节'"、"2008·杭州第七届亚太地区口琴节暨刀茅巷小学办学特色成果展"、"浪漫学习：小学生学习方式变革与创新论坛暨新华小学百年校庆"、"幼儿园集体教学有效性专题研讨会"

续表

届 别	时 间	主 题	议 题
第七届	2009 - 11 - 15 至 2009 - 11 - 20	"生命·责任·革新——教育价值与区域教育的可持续发展"	"首届文晖论坛"、"第十三届联合国教科文组织教育革新为发展服务计划会议"、"中国省级全民教育监测与评估研究项目成果总结会议"、"浙江省第一届小学地方课程课堂教学评比活动"、"下城区第二届课堂节"、"杭州市东园小学建校百年庆典暨学生水墨画展"、"第一届两岸三地家庭教育高峰论坛"
第八届	2010 - 11 - 06 至 2010 - 11 - 09	"以创新促进教育公平优质发展"	"国际基础教育质量监测高级专家会议"、"区域教育质量监测与评价体系研讨会"、"未来教育家成长研讨会"、"校本德育创新论坛"、"学前教育幼小衔接专题研讨会"和"下城区第三届生态课堂节"
第九届	2011 - 11 - 13 至 2011 - 12 - 10	"多样·公平·优质——国际化背景下的现代学校发展"	"教育信息化指标与电子学校标准国际专家会议"、"省级实施教育规划纲要监测实验计划项目会议"、"'文化·游戏'与儿童成长论坛"、"教育质量监测与学校发展论坛暨全国基础教育质量监测试点地区联席会议"、"第二届校本德育创新论坛：家校互动方式变革与学校发展"、"关注学生学习——下城区第四届生态课堂节"、"绩效评估与教师专业化发展论坛"、"教育家成长与学校发展论坛"、"社区教育促进学校发展论坛"

中国杭州国际教育创新大会先后荣获第十届中国杭州西湖国际博览会会议项目铜奖、第十一届中国杭州西湖国际博览会会议项目银奖等，不仅产生了深远的社会影响，而且成为下城教育的一个高端国际品牌。这一品牌的逐年演进和打造，成功搭建了下城教育与国际教育交流、合作与资源共享的平台，使下城教育人逐渐形成"观人、观己、观天下"的教育理念，不断拓展教育视野，从而赢得社会各界的广泛关注，成为下城教育矢志创新、持续发展的强大动力。这一具有国际性质的教育交流大会已成为下城教育独树一帜的、引领教育潮流的教育文化特色。

第五节　教育组织的创新——教育沃态团队建构

随着现代社会更加强调团队精神，企业需要团队建设，而作为国家政治经济的一个基础力量——教育，更加需要团队的建设。要办"好的教育"，办学经费、教师编制、学校校舍、设施设备等都是满足教育发展初级阶段需求的必备条件，但在教育发展进入相对公平、均衡、充裕阶段后，各个学校的办学经费都相对充足，教师编制也很完善，学校校舍和设施设备都很人性化和全面化，这个时候要实现教育可持续发展，这些物质因素便不能为教育提供新的推动力。

那么，要实现教育可持续发展，需要靠什么来支撑？靠组织来支撑，靠高素质、专业化的区域教育人力资源来支撑。具体而言，就是由教育行政管理干部、校长、教师、教育研究人员以及教职工等人员组合而成的各级各类组织。唯有以人为主体，发挥人的主动性，才是办"好的教育"的动力源。

一、一种全新的组织概念——"沃态团队"的提出

下城为了发展"好的教育"，在不断的实践过程中，构建和培养了一支包含干部和教师在内的与区域教育生态理论相伴的优秀队伍。这支队伍有着他们自己独有的特质：面对发展难题而不退缩，依然勇于攻坚；面对辛苦忙碌而不埋怨，依然意气风发；面对社会变革的纷繁矛盾而不转向，依然按照教育目标践行。这就是下城教育人酝酿、思考良久最终明确提出的"沃态团队"。

▲ 下城区教育沃态团队颁奖现场

下城"沃态团队"这一概念的产生缘由主要包括以下三个方面。

（一）直观形象迁移

肥沃的土地有利于庄稼的生长，这是一个基本常识，也是可以直观感知的常见景象。庄稼作为一个生命体，肥沃的土地是其茁壮成长的优质环境。当从生命观的角度去透析某个组织作为集体在开

创某项事业的过程以及个体的职业生命发展过程时，会发现他们都具有生命体的本质特征。因此，组织作为集体或者组织中的个体的发展，也都像庄稼生长需要沃土一样，需要润泽、适宜的成长环境。"沃态团队"这一概念直观形象地表现了下城教育团队是在一方沃土上发展起来的。

（二）文字形式规整

在区域教育生态理论探索的过程中，"生态智慧"逐渐被定格为引领区域教育创新实践的思维方式和决策特征。下城教育优化特有基因，保持区域教育持续稳定快速发展，即"稳态行进"，既是逐步形成的良好发展态势，更是区域教育全面改革、深度改革的目标指向。"生态智慧"要实现"稳态行进"，最关键的因素在于组织建设。组织作为集体，是一个"上下联动"但"有分有合"、"目标统合"但"各有特色"的团队系统。于是，从文字规整的角度，下城选用了"沃态团队"来命名具有下城教育独特组织基因的团队。

（三）契合沟通时尚

沟通是联结团队成员的纽带，只有通过有效的沟通，才可能增进了解和理解，达成积极的合作。良好的沟通是团队进步的润滑剂。因此，"畅通团队沟通"成为倡导团队培育的主要路径之一。从中国联通发布所有业务的单一主品牌——"沃"中得到启示，既契合沟通时尚又说明了顺畅的沟通在团队培育中的重要作用。于是，基于下城区教育高位均衡发展的实际，国际视野与本土行动结合的广度和深度，以及打造中国特色教育现代化区域样本的目标，下城运用了"沃态团队"来命名具有下城教育独特组织基因的团队。

可见，"沃态团队"经历了一个从整体的、模糊的、外在的感受到理性的、清晰的、有内在逻辑结构的探索过程，这既是一个梳理、会聚、归纳的过程，又是一个引导、发散、演绎的过程，更是一个实践创新和理性思考紧密结合的过程。

二、一种独特的组织形态——"沃态团队"的形成

下城"沃态团队"的培育不是一种另起炉灶式的特立独行，而是与教育教学实践紧密结合，与区域教育以及各校（园）发展紧密结合，与教育者个体职业生命发展紧密结合的过程。从实践中，下城总结出了"沃态团队"的四种培育途径。

途径之一：形成共同愿景。以共同事业愿景来协同所有成员的思想和行为，是团队的一般特征。所谓的共同愿景，其实是一个愿景体系。这个愿景体系的核心是区域教育的总愿景，即打造中国特色区域教育现代化样本。各校（园）、直属单位都有各自的团队愿景，它们通过制定章程来明确各自的发展愿景，并通过制定三年发展（办学）目标来逐步达成愿景。下城区教育局督导室负责指导学校章程和发展规划的制定，下城区教育局法制办审核章程和发展规划的合法性，并通过编辑《下城区教育局校（园）、直属单位章程汇编》《下城区教育局校（园）、直属单位三年发展规划汇编》达到相互交流、借鉴的目的。各所属单位内部也在不同层面开展"沃态团队"建设。

途径之二：构建协同机制。下城教育在生命观的指引下开展"沃态团队"建设，做到不因团队的成长而排斥个人的成长，力倡通过团队成长带动和助推个人的成长。因为只有个人生命价值被充

121

分地认同与珍视，团队成员才有积极进取的不竭动力，团队愿景才能逐步实现。经过多年的探索，从纷繁复杂的观点、活动、方式、因素中不断梳理、提炼，最后把关注点集中于建立一种"个体"与"团队"的协同机制，使两者在最大程度上达到水涨船高、协同一致的双赢发展态势。这种态势可以描述为：个体通过团队的平台发展自己，团队通过个体的努力强大自己；个体根据团队愿景适度调整自己的职业规划，团队根据个体中出现的特长、爱好适度调整总体愿景；个体在团队愿景实现过程中拓展发展空间，团队愿景在个体职业生命的发展中实现等。

途径之三：催化和谐效应。德国心理学家勒温借用物理学中"场"概念来研究个体与群体行为。认为人的心理活动是现实生活情景下内在心理力场与外在心理力场相互作用的结果。在同一个区域环境下，由于各方面管理机制体制的统一和特定的区域环境，客观上造成了个体专业发展不可避免地要受到群体的影响，而且这种影响也并不总是积极的。所以，下城区从区域教育高位均衡发展的高度上统筹规划、综合考虑，尽量避免消极因素，努力构建积极和谐的团队成长互动场。

在下城的教育实践中催化和谐效应主要包括三类：一是以共同愿景催化团队成长的共振效应；二是以局本培训催化团队成长互补效应；三是以欣赏激励催化团队成长的极光效应。

途径之四：促进团队成长。成长是生命体存在的基本特征。开展组织建设、队伍建设的目的，就是要促进人的成长。按照一般分类，下城从校长、教师、学生等人群分类的角度去谈成长会更加直观。从面向全体、均衡公平等方面来谈团队建设，共可以总结梳理出四类成长：一是体现下城教育人本土特质的共同成长。二是在打造中国特色区域教育现代化样本过程中的整体成长。三是鼓励团队中个体职业生命臻于完美的差异（特色）成长。四是根据区域实际、挖掘局本资源的互动成长。下城区因地制宜，借力借势，创设了小到每年常规化的读书会，大到国际教育创新大会这样的基础与高端兼有的平台，构建起内外结合、上下联动的互动机制，极大地促进了团队的互动成长。

"沃态团队"这一概念是下城教育在开创"高位均衡、轻负高质"区域特色过程中逐步形成的团队特征的概括和命名。同时又是经过自觉的、理性的思考和阐释，对担当下城教育可持续发展，具有优势基因的独特团队的设计和期许。"沃态团队"既是下城区多年来在区域教育生态理论探索过程中相伴而生的人力资源专业化建设方面的经验和特征的提炼，也是区域教育生态理论在队伍建设方面的独特表述，也必将推进下城教育向更高层次的特色化、个性化、现代化发展。

在 2011 年首次沃态团队评选中，朝晖中学初三数学备课组、朝晖幼儿园团支部、启正中学综合组、东园小学体育组、京都小学艺术组、长江实验小学家委会、景成实验学校科学组、星辰幼儿园党员志愿服务队、下城区教育技术中心技术保障组、中国教科院驻下城专家组被授予第五届"教育因你而美丽"十大沃态团队称号。

积跬步至千里，
积小流成江海

成效篇

第六章

教育生态理念深入人心，思维转型样态显现

　　长期的坚持与坚守，区域教育生态理论日益体现出其价值与魅力，逐渐渗透于下城教育改革实践之中，成为引领区域教育改革发展的哲学基础和方法论，影响着下城教育人的理念和思维方式。本部分主要对教育生态理念如何成为一种教育自觉及其教育思维转型体现着怎样的教育责任与担当进行阐释。

第一节　教育生态理念成为一种教育自觉

　　在教育生态理论的影响下，下城区域教育改革实践发生了明显的变化，教育生态理念逐步深入人心，成为区域教育发展的一种教

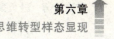

育自觉，区域教育改革发展的思维也发生了转型，摒弃了过去教育发展的"沙化"思维，更加注重教育的生态化发展。

一、教育生态自觉的形成历程

（一）生态直觉

2000—2003 年为生态直觉期。2000—2001 年间，时逢浙江省开展省教育强区创强工作，期间，下城区举全区之力以绝对优势顺利通过验收，从中下城教育人深刻感受到经费投入、硬件设施、领导重视、部门支持等教育外环境对于教育改革发展甚至具有决定性的影响，并由此触发了将教育与环境紧密对接的思路，从环境生态的角度萌发了最浅层意义上的对教育外环境生态的关注。此后，至2003 年左右，下城教育进一步敏锐地关注到庸俗化、格式化、同质化、标准化等教育"沙化"现象，以及由此暗藏的种种教育危机，进而由对教育外环境生态的关注深入到对教育内环境的关注，当即提出了"营造高品质教育生态，打造高水平教育强区"的区域教育发展目标要求，从而由外向内，内外结合，开始涉及全面、均衡、开放、可持续等从属教育生态领域的基本思想，开始正式指向"教育生态"，标志着下城教育凭借着教育敏感生成了最原始、最本能的教育生态直觉。这一时期，也是下城区域教育现代化进程的发端时期，因为有对"教育生态"的直觉捕捉，下城区已经在不自觉中选择了一条由教育生态走向教育现代化的发展道路。

（二）生态觉醒

2004—2008 年为生态觉醒期。2004 年以来，下城教育以行政推力为抓手，边教化边实践，自上而下全面渗透教育生态思想，多

127

元、多样、自主、协同、再生、圆融、开放、尊重、责任等生发于教育生态的理念、观点，逐渐渗透到制度设计、布局调整、教育教学、教师成长等方方面面的工作中，全区的教育者、受教育者、教育内容乃至教育物资等教育要素都在不知不觉中打上了教育生态的底色。期间，又以学术研究为主导，开始着手将区域本土视角下的教育生态思想，逐步提纯为"教育生态理论"，以理论的鲜明、科学、清醒稳步统领区域教育的整体发展。直到2008年5月16日，全国首届区域教育生态理论研讨会上，正式将本土教育生态理论概括为"区域教育生态理论"，开始从"区域"本土的视角自主解释和发展教育生态理论，并首次以此为核心内容开展专题研讨，与会专家一致指出区域教育生态理论是全国率先形成的具有区域特色的教育理论，在当前具有样本意义，这标志着下城教育伴随着诸多的分化、模糊、碰撞，以及质疑、争议和冲突的打磨，却始终不遗余力，唤起了集体的教育生态觉醒，提供了研究与实践的基座。此时，下城区域教育现代化也开始显现出强劲的发展态势，并且初步形成了以"教育生态"为文化识别标志的发展特质。

（三）生态自觉

2009年至今为生态自觉期。这一时期，经业界和官方的共同认可后，区域教育生态理论被确立为下城教育发展的核心理论，为求理论的臻进、成熟、发展，并求理论能够更广泛、更深度地惠及教育，下城区又开启与中国教科院的深入合作，于2009年11月15日正式成立中国教科院下城教育生态研究中心的专门研究机构，和中国最高级别的教育学术研究机构联手共同致力于区域教育生态理论的学术研究和传播，志在全面提炼、升华区域教育生态理论，并且志在实现对教育生态领域的补充和丰富，甚至填补现代以来教育理论创新的空白。这一时期，区域教育生态理论的研究与实践逐步成为了下城区域教育现代化发展的自觉要求。

二、教育生态自觉的区域影响

（一）教育生态成为文化识别

所有的工作都以区域教育生态理论为引领，教育生态触及、遍及下城教育的每一个人、每一个点。比如，杭州市下城区天水幼儿园在教育生态理念影响下，更好地凸显了幼儿园特色文化，朱建辉园长在《教育生态理念下凸显幼儿园特色文化》一文中指出，借助教育生态理论来审视我们的教育，可以为教育者展现一个富有人性化的世界，集团学校在整合办园过程中力争凸显人本文化、特色文化、创新文化、融合文化。在文化浸润下，通过师生营造一个安定、平和、公平、公正的生存环境，共同促进幼儿园的和谐、可持续发展。杭州市下城区求知小学陈群云校长在《教育生态与学校特色文化建设》中指出，创建学校特色文化，既是高品质区域教育生态形成发展的需要，也是学校自身生存与发展的需要。多元的校园特色文化，使"教育生态"不断地平衡丰富；而良好的教育生态系统，又不断地涵养着校园特色文化，使其最大效益地发挥着育人的作用。

（二）办学形态走向多样有序

形成了多样化办学优势互补、错位发展、差异竞争、共生共长的良好格局，文化兼容并蓄，校园各得其所。一是以集团化办学模式实现优质教育共建与共享。下城区按照"优化南区、强化中区、加快北区"的区域教育发展思路，因地制宜，因势利导，全力推进集团化办学。以"聚变—裂变—再聚变—再裂变"为基本路径，实行再生性集团化办学，有效实现优质教育资源的再生发展。按照"源于母体，别于母体，优于母体"的办学特征，由名校输出先进的办学理念和成功的管理经验，帮助嫁接的薄弱学校或者新建学校快速增长。同时，遵循"母体多元，有分有合，互生共荣"的原则，将同一区域内的中小学校结成多法人的联盟式教育集团，通过区域整合、特色优势延伸等途径，实现优势相长，风险共担，共同发展。二是建立民办教育扶持机制，实现民办教育互生与互助。下城区坚持"积极鼓励、大力支持、正确引导、依法管理"的方针，鼓励、引导、支持各类民办学校的发展，以教育培训为重点，发展教育服务业。建立公共财政资助民办教育制度，给予民办学校资金、招生等方面的大力支持和政策倾斜；保障民办学校教师合法权益；加大支持和鼓励多形式、多层次、多样化办学的力度，推动民办学校特色化、高品质发展。

（三）区域发展延展宽广空间

初步形成了下城特色的教育话语体系，输出了一些具有下城教育基因的教育概念，业界、官方及社会广泛关注，区域教育增生了内外共同延展的空间。一是各界媒体多方报道。《杭州日报》刊发专题报道《瞩目教育生态理论》；《中国教育报》头版头条刊发专题报道《这里的教育和谐生长——杭州市下城区利用生态理论促进教育发展纪实》，同时配发短评《推进义务教育公平的创新实践》，对下城区以科学发展观为指导，运用教育生态理论促进区域教育均衡、公平、优质发展的创新举措给予了高度评价；《人民教育》2009年"特别报道"栏目刊发了该社副编审、记者刘群采写的长篇通讯报道《周培植和他的区域教育生态理论》。二是政府认可，倾力推动。区域教育生态理论的研究与实践，多次写入下城区政府工作报告。三是相关研究成果丰硕。出版了专著《好的教育：区域教育生态理论的研究与实践》；创办了内部期刊《教育生态研究》；编撰了《十年手笔——下城教育十年散录》《起、承、转、和——区域教育生态理论的研究与实践》等。

▲ 区域教育相关研究成果

第二节　教育思维转型成为一种教育担当

基于教育生态理念自觉意识的影响，下城教育从生态系统的角度对学生、教师及学校管理等问题都进行了积极的实践探索，通过思维转型—策略创新等路径不断促进教育发展与改革创新，并使教育思维转型逐渐转变为一种教育责任与担当。

一、为学生成长营造生态环境

由于应试教育是非生态、掠夺性的教育，它掠夺了学生自由发展的时间和空间，破坏了学生健康成长的生态环境。因此，下城教育逐渐转变思维，彻底清理、整顿不符合学生身心发展的"沙化"教育，让基础教育"返璞归真"。

（一）把时间归还给学生

时间是学生的最大资源。下城区教育局出台《关于贯彻省教委〈十条规定〉的补充规定》的减负文件，提出了取消1—3年级学生期中考核、取消低年级书面回家作业、取消学生寒暑假书面作业、取消语数外培训班等一系列减负措施；对4—6年级和初中1—3年级，要求各校严格执行省教委《关于减轻中小学生过重课业负担的十条规定》文件，并设立举报电话，进行明察暗访专项督查，对违反规定的人和事，一经发现，立即处理。为了保证减负能真正落实，下城区对教学质量评估方式和标准，试卷命题规范化、科学化、情感化等方面进行了大胆改革，出台了《关于加强学科质量管理的意见》《关于1—3年级学生学业评价的指导性意见》等。同时，还加强了舆论宣传，特别对家长，召开了专门的会议，关于减负的资料人手一份。通过这一系列举措，学生学业过重的局面，迅速得到了扭转。

（二）把空间归还给学生

空间是学生自由发展的"舞台"。在下城区教育局的倡导、支持下，全区各中小学成立了各种各样的课外兴趣小组、文体队、社团组织，学生参与率达80%以上。在校外，下城区实施了"万花筒"工程，积极组织学生开展丰富多彩的社会实践活动，还与农科所等单位建立了学农、学军、学工基地的合作关系。在教学上，提倡生活化，把书本知识的学习由课堂渗入到学生生活空间。下城区还把信息技术课程也作为开拓学生学习的一个重要的空间，对小学

1—3 年级、4—6 年级、初中阶段的学习内容进行分层梯度设计，作出了适当的安排。有教师担心学生学会上互联网后，容易受到不健康信息污染。由此，加强"网德"教育，就成为了德育工作在新情势下提出的新的课题。应该认识到，教育不能"因噎废食"，限制了学生的学习资源和学习空间。

二、为教师发展创造生态环境

高质量的教师队伍是实现教育任务的决定性前提，是主要影响学生成长的直接作用者。教师是办学之本，教师是教育之根，本固则枝繁，根深则叶茂。这也印证了美国教育家博比所说："教育的品质是教师品质的反映，没有好的教师，不会有好的教育。由于教师专业的品质提高，教育才会有进步。所以说，如果教师素质优良，即使存在教育体制不够理想，教育经费不敷支出，课程编制失当，教材内容欠佳，教育设备不全等缺点，也能因教师的努力克服，而逐一获得补救。"[1] 下城教育一开始就认识到了这一点，营造学生良好成长的生态环境，必须营造一个与之相适应的教师自我不断提高、完善的生态环境。

（一）校（园）长队伍建设的责任担当

下城在教育生态实践过程中，认为基层校（园）长、书记对于区域教育理论和实践的发展起着推动和监督的作用，因此，发动基层校（园）长、书记的思想内驱力就成为区域教育管理工作的制高点，而下城善于发动区域教育发展的思想内驱力的做法也可谓成果

---

① 谷贤林. 比较视野中的中国一流大学建设［J］. 比较教育研究，2001（5）：8-15.

斐然。

首先采取多种方式实现校（园）长素质的提升。下城在教育实践中，已形成集基干会、读书会、干训会及专题党课、干部理论素质测试等"三会一课一测"为一体的局管干部培训模式，对局管干部进行全方位的管理技能培训，努力提升干部的管理水平和艺术；开创"学习考察，异地培训"模式，在对外交流中开拓教育视野；制定《局管干部诫勉谈话和函询实施办法》《下城区教育局局管干部出国（境）管理意见》等，进一步规范干部管理，强化党风廉政建设；举办局管后备干部培训班，加强干部后备力量的培养；局机关实行月评季考制度，完善考评机制，提升机关干部的综合素质。通过培训，进一步解放思想、更新观念，达成精神的指引；引导查找工作措施和体制上的落后环节；引领加强教育研究，以新的教育理念引领教育改革，并为深化教育改革和又好又快地发展教育提供理论指导和智力支持。

其次建立了扁平式的管理组织模式。在区域教育生态理念下，实施"大部制改革"，使组织结构进一步走向扁平，减少组织中间层次，增宽管理幅度，裁减冗员而形成一种干练、紧凑的扁平型组织结构，能使组织内信息传递畅通，降低管理成本，提高管理者积极性，使组织变得灵活、便捷，从而提高管理效率和效能。而在这样的结构中，等级层次虽然仍旧存在，但传统组织的等级意识被弱化，每一层级对应一定的职责、权利和义务，不同层级的区别只在于权责与义务的不同，这些权责与义务同等重要，处于平等地位，没有高低贵贱之分。民主平等的精神使组织部门与管理者之间、管理者与学生之间，区域教育各要素间形成基于主体与主体的合作共进关系。

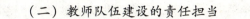

（二）教师队伍建设的责任担当

第一，确立教育的生命观。学生并非是单一接受知识的学习个体，而是一个充满活力的生命体，他们在学校要学习，也要生活、交际、发育、成长……教师要时时欣赏每一位学生生命的灿烂。教育生命观，正是教师教书、育人，一切活动的原生点，它不仅是教育生态观的特征之一，也是营造高品位学生生态环境的核心。树立教育生命观，并非贴在墙上、挂在嘴上就能完事的，下城区从建设平等的师生关系、民主的教学氛围着手，主张树立教育生命观，首先要从"平等"、"民主"四字做起，教师要从"师道尊严"的圣坛上走下来。

第二，提升"教育人"的涵养。人力资源是各类组织中最敏感、最活跃的因素，应自觉按照合乎进化论的规律成长，科学系统的"教师成长工程"呼之欲出。在教师队伍建设中，下城区紧紧围绕专业内容和综合内容开展培训工作，用时任下城教育局局长的周培植的话说，就是"主粮"和"杂粮"都要吃。一个人每天都只吃主粮，身体不一定会健康。杂粮的确是个好东西，但只吃杂粮也是不够的，应要主粮加杂粮。为提高教师的专业素质和综合素养，杭州下城区采取了一系列措施。比如，围绕教师成长工程，围绕每一位教师的成长，采取了梯级名师培养、课题公开招标、名师共享制度、互助共同体、人事制度改革等一系列的举措。为了进一步推动和巩固下城师资发展的"百花齐放"，对于不同的师资队伍下城还制定了不同的措施。比如，下城区出台了《在职特级教师管理意见》。还成立了"名师管理领导小组"，下设的"名师管理服务中心"负责名师、名校长的培养、考核、奖励等工作，为他们提供出国考察、访学研讨等机会。对普通教师，下城区建立了开放式的培

训体系，特设"教师成长专项"，为各校（园）设立"教师成长专户"①，建立"教师成长登记卡"制度，学习内容有专业的，也有综合的。教师可以参加教育系统有关机构指定的各类学习，也可以根据自身的需求向学校提出，参加社会举办的学习或培训班学习。

第三，优化教师结构，实现教师结构的动态平衡。教师的学历结构在区域分布上的不平衡，职称结构、年龄结构与教育发展的不平衡，性别结构的失衡以及名师分布上的不均衡等，都将影响教育质量的提高和区域的可持续发展。只有加强教育人事宏观调控，同时为教师的合理流动和各学校教师结构调整留下充足的制度环境空间，才能逐步实现教师各类结构要素的动态平衡。比如，在师资的配资上，下城区遵循联动模式的组织合作。以下城教育"教师区内支教"为例。首先，区域教育各层级之间以合作联动的思考方式，做到"制度上分，目标上合；职能上分，思想上合；工作上分，情感上合"。其次，形成了区域教育的合作链，在管理中注重逐渐形成一条不断调整的合作互动链，促进优质资源的再次杂交与品质提

---

① 下城区首创的"教师成长专户"指的是区教育局按全区中小幼每个教师每年 200 元的比例，统一拨出专项培训经费 60 万元，设立"教师成长专项"，并为各校设立"教师成长专户"。这笔钱由下城区教育局统一调控，不直接拨到学校，但教育局将培训权下放给校长，由校长根据本校教师的实际情况，统筹安排，有针对性地组织教师培训。校长的任务就是负责将"教师成长专户"里的培训费用完、用好，以发挥最大的培训效益。"教师成长专户"实行校长负责制、培训机构竞争制和教育局监督实施的管理体制。区属继续教育培训机构应建立"教师成长登记卡"制度，学习费用以学分为单位，每一学分拨学习经费 5 元，每半天学习为 3 个学分。学分由区属继续教育机构认定，范围包括校本培训、学历培训、新教师岗前岗后教育、教科研专题活动、新课程及其相关的培训、外出考察等。区属的教师进修学校、社区学院两家培训机构必须设法通过改革培训内容、提高服务质量来吸引教师参训，以最大限度地从各校的"教师成长专户"中划转资金。

升，形成区域教育的均衡发展等。

三、为学校管理培育生态环境

在学校室内外场地、设施向社区开放之后，下城区教育陆续出台了一系列措施。

——实行"推门进课堂"制度，不管什么时间，家长都可以进课堂听课，了解教师"教"和孩子"学"的情况，随时可以向学校提出意见或建议。

——每年四月下旬，开展"大型教育超市"咨询活动，解答诸如入托、入园、入学、电脑派位、民办学校招生，以及教育收费、困难家庭入学减免、继续教育培训、校园伤害事故条例等方面的问题；"超市"还有省特级教师、教坛新秀以及家庭教育专家"坐堂"，对家长、孩子进行现场辅导。

——每年进行一次"千名教师进万家"活动，深入听取家长对学校教育教学及其他方面工作的意见，交流对孩子教育的情况，向家长介绍学校办学理念、办学特色等，对帮困结对学生家庭进行慰问。

——每年进行"三满意"评比活动，即由社区、家长、学生、区行风建设办公室、教育局对学校（园）进行评价，内容有依法行政，规范收费，师德师风，教育质量，服务学生、家长、社区等10个方面。逐渐建立社区和教育等部门联合评价、监督学校的机制。

对这一系列做法的目的，概而言之即是："拆掉围墙，回归社会"，不断深化人们对生态教育理念的理解。

区域教育思维转型的出现，使得教育系统内各因素和谐有序发展成为可能，为区域内各级各类学校发展出好政策，优化好结构，营造好环境，配置好资源，协调好关系，让各级各类教育和谐互生，共进共长，以担当好区域教育促进人的全面、协调、可持续发展的"教育人"这一责任与使命。

第七章

学术研究能力明显增强，科研水平整体提高

　　科研引领是推进实验区教育改革的重要形式，科研引领逐步提升了实验区科研创新能力及其学术研究水平，也进一步了体现了"科研兴教"、"科研兴校"以及科研引领对推动"好的教育"的实践价值。本部分主要介绍实验区背景下的教育学术之区的建设绩效、实验区教育学术研究的成果，并通过分析研究成果进一步展现实验区整体科研水平的跃升。

第一节　教育学术之区建设绩效显著

　　下城教育学术之区建设三年多来，绩效显著，促进了下城教育

向优质化方向发展，进一步推动了"好的教育"的深入发展。2012年4月，下城区教育局党委书记、局长黄伟在下城教育学术之区建设推进会上以《坚持科研引领 打造"好的教育"》为题，对下城教育学术之区建设进行了深入全面的总结。黄伟局长认为，教育学术之区建设所取得的绩效主要包括以下几个方面。

▲ 下城区教育局党委书记、局长黄伟在下城教育学术之区
建设推进会上讲话

一、区域理论日趋成熟，有效指导教育实践

下城本土生发的区域教育生态理论，已基本成型、成熟并生根、开花，对下城教育的支撑、统领、指导作用不断加强，在国际、国内的教育影响力和辐射力日渐扩大。中国教科院专门成立了下城教育生态研究中心，浙江大学教育学院也成立了教育生态研究所。建构了以区域教育生态理论为核心的价值体系，基本完成了下城教育的顶层设计，形成了"好的教育"理念。具有下城特质的教

育生态文化正在蓬勃发育，成为下城教育的文化软实力和核心竞争力，为下城教育的科学、可持续发展，打下了厚重、坚实的基础。

二、教师观念不断更新，教育创新能力增强

在教育学术之区影响下，以学术强教、学术强校为载体，积极倡导广大教师关注课堂教学，关注学生成长，鼓励全体教师参与教科研工作，以研究解决教育教学实际问题。全体干部教师观念快速更新，建构了"学习即研究"、"问题即课题"的教育思维方式和行为模式，区域教育由借势、借智、借力转向生势、生智、生力的内生发展，焕发出强大的创新力和创造力，教育特色品牌不断创生，区域教育和校（园）个性彰显。

通过教育学术之区建设、学术校园建设，教师将教育学术研究融入到日常学习和教学中，通过加强学习型组织建设，倡导教师关注课堂教学，广泛开展校本研训活动和草根课题研究，把学术研究当作工作的重要内容，把学习当作教育生活的重要方式，养成了教育学术的思维，教师以研究者的姿态投身于教育教学，悟到了专业生涯的价值。

三、学术成果更加丰富，教育学术影响深远

确立了学术研究"顶天立地"的实践策略，呈现出"国际视野、本土行动、草根研究"的科研特点，形成了以国家级课题为引领，以草根研究为基础，课题层级分布科学合理，课题内容全面丰富，课题成果转化快速有效的良好态势。学术资源积累丰厚，大批

专家、学者为下城发展提供智力支持。

通过开展国家级课题"以教育生态理论促进区域教育现代化的实践研究"的研究，集合集体智慧，经过长期提炼，形成了区域教育生态理论这一重大成果，确立了核心价值观。将研究与工作相结合，推进区域教育生态理论研究向纵深发展，形成物化成果《好的教育：区域教育生态理论的研究与实践》。并有多项课题研究成果获国家和省市级奖励，多篇学术论文在各级各类杂志上发表，多本专著出版。下城教育的学术影响力日渐深远。

四、学术平台更加广泛，课题研究深入开展

为推进教育学术之区建设，下城区一直进行科研创新，搭建多种平台，推进教育教学研究。目前，除了常规的教科规划课题外，还推出草根研究专项课题、面向一线教师的教育学术大讲堂、高水平的国际教育创新大会等项目，调动了教师积极性，使教师科研意识得以加强，科研能力得以提高。

具体而言，草根研究专项课题等面向一线教师，引领教师关注教学实践，以其研究切口小、操作性强等优势受到了教师们的欢迎；积极创新教育学术大讲堂，不仅有课题的论证和研讨，还有师生教学的研究与展示，充分体现了教师科研思想和成果，已经成为下城教科研的品牌；每年举办的"生态课堂节"，以课堂教学展示、学术论坛、专题报告等多种形式，直指"轻负高质"这一主题，探讨教育的热点、难点问题，促使教师转变育人模式；每年召开主题性的中国杭州国际教育创新大会，颁发亚太地区教育创新奖·文晖奖，拓宽了全体教师的学术视野，提升了下城的教育知名度。

五、优秀团队和教师不断涌现，引领作用彰显

全区中小学、幼儿园教师通过参与教育学术之区建设，投身教育研究，不断转变教育观念，提升专业素质，从而能在教育教学过程中研究解决实际问题，提升教育研究能力；在研、训、教一体化过程中加快专业成长，形成了覆盖全区的阶梯型名师群，进一步激发了广大教职工干事创业的热情和动力，形成了教师学先进、强能力、提素质的良好氛围。

教育学术之区建设以来，各校（园）抓住机遇，全面谋划，从校（园）实际出发，在教育教学过程中坚持教育创新，传承发扬校园文化、开展校本研训，促进了教师的专业发展、校（园）影响力的扩大。各单位紧密结合实际，注重用多种形式展示学术成果，做到有主题、有特色、有亮点，将校（园）特色品牌与学术成果结合起来，体现研究的价值，扩大校（园）的影响力，促进校（园）新的发展。这其中，涌现了一大批有影响力的学术研究团队和个人。

三年多的教育学术之区建设取得了丰硕的成果，也给下城教育带来了很多启示，黄局长认为主要有以下几点。

一是坚持科研兴教，发挥教育学术研究的价值。教育学术之区三年多的扎实建设，与大力倡导"科研兴教"的思想密不可分。下城教育的现代化发展之路，仍须强调教科研理论指导下的实践性研究，发挥教育学术研究解决教育教学实际问题的价值。

二是坚持全面谋划，注重教育学术之区建设的过程和方式。教育学术之区建设工作是全局性工作，涉及单位多，参与人员多，涵

盖内容多，全面推进这项工作，应该注意整体设计、多元推进，注重学术建设的过程性和方式方法，加大各项投入和保障力度。

三是坚持理念转化，注重在具体实践中有效落实。理念对教育决策行为和教师的教育教学行为都起着引领作用，在新一轮学术建设中，仍应坚持理念先行，在行动中将理念转化为各项实践活动，在教育学术之区建设中提升自身的研究能力、实践能力和反思能力，促进专业发展和素质提高。

学术研究是教育创新的源泉，是教育科学和谐发展的前提。推进教育学术之区建设，要以区域教育生态理论为引领，强化"学术强教、学术优教"的思路，崇尚研究，涵养学术，改革创新，提升教师队伍学术素养，突显学校特色品牌，提升下城教育教学质量，以教育学术研究推进下城率先基本实现教育现代化，引领区域教育走科学发展、生态发展之路，建设"高位均衡、轻负高质"的教育现代化强区，静心实践"好的教育"，从而为下城的经济、社会事业全面协调发展作出新的更大的贡献。

第二节　教育学术研究成果丰硕

下城实验区在科研引领的影响下，科研项目、学术论文、学术著作及教育学术大讲堂都取得了可喜的成绩，参见下面的统计数据。

一、课题研究进展现状

从表3可以看出，2008—2010年，全区中小幼、直属单位共承担国家、省、市教育研究课题 151 项。国家级课题在 2008 年和 2009 年获得较多立项；省、市级立项课题波动较小，立项数基本稳定。可以发现，下城区校（园）在科研项目上已基本构建了国家、省、市以及区四级课题网络，这反映了下城区教育科研的整体水平较高，群体性科研的基础较为扎实。

表 3　校（园）2008—2010 年教育科研规划课题立项情况表

级　　别	项　目	2008 年	2009 年	2010 年	合　　计
市级课题	立项数	42	38	31	111
省级课题	立项数	16	11	8	35
国家级课题	立项数	3	2	0	5
合　计	立项数	61	51	39	151

表 4　校（园）2008—2010 年教育科研规划课题结题情况表

级　　别	项　　目	2008 年	2009 年	2010 年	合　　计
市级课题	结题数	24	26	25	75
省级课题	结题数	9	7	4	20
国家级课题	结题数	0	0	0	0
合　计	结题数	33	33	35	101

从表 4 可以看出，2008—2010 年，下城区共结题 101 项。其中，省级课题的结题率为 57.1%，市级课题的结题率为 67.6%，省级课题的结题及时性和结题率相对市级课题低。这也反映了省级课题研究的过程、时间可能更长，研究成果质量要求更高以及课题负责人更为重视更高级别的课题研究的一面。

145

表5　校（园）2008—2010 年教育科研规划课题获奖情况表

级　别	项　目	2008 年	2009 年	2010 年	合　计
市级课题	获奖数	22	8	18	48
省级课题	获奖数	7	4	4	15
国家级课题	获奖数	0	1	0	1
合计	获奖数	34	13	22	64

从表 5 可以看出，2008—2010 年，下城区共获奖 64 项，占结题数的 63.4%，整体获奖比例较高。其中，省级课题获奖率为75%，市级课题的获奖率为 59.3%，省级课题获得市级及以上科研成果奖项的概率相对而言较高。说明了各立项课题负责人和课题组成员对课题研究较为重视，能够投入时间、精力进行过程性研究，注重对成果的总结和梳理，对课题研究质量有较高的追求。

二、研究成果发表及获奖情况

表6　下城区 2008—2010 年研究成果发表及获奖情况一览表

单位名称	论著出版数	论文发表数	获奖成果数（论文、案例）
安吉路实验学校	1	76	188
景成实验学校	—	23	95
大成实验学校	2	50	104
胜蓝实验学校	2	57	246
明珠教育集团学校		11	132
青春中学	2	31	45
春蕾中学、凤起中学	—	27	86

续表

单位名称	论著出版数	论文发表数	获奖成果数（论文、案例）
朝晖中学	1	21	114
浙江传媒学院实验中学	—	4	3
风帆中学、光明中学	3	16	29
启正中学	5	167	132
长寿桥小学	4	16	25
长江实验小学	1	13	19
长青小学	2	109	105
德天实验小学	2	12	44
朝晖实验小学	1	34	120
朝晖七区小学	—	8	40
江心岛小学	—	17	53
现代实验小学	4	31	68
青蓝小学	—	26	80
新华小学	2	6	6
东园小学	4	24	55
刀茅巷小学	—	3	46
文龙巷小学	1	5	45
永天实验小学	1	16	69
天水小学	—	25	55
京都小学	—	16	96
求知小学	1	22	86
健康实验学校	—	5	33
安吉路幼儿园	2	8	49
安华幼儿园	—	2	18

续表

单位名称	论著出版数	论文发表数	获奖成果数（论文、案例）
景成实验幼儿园	—	4	89
新华实验幼托园	4	9	89
东新实验幼托园	5	15	65
东园婴幼园	1	6	36
朝晖幼儿园	—	6	154
星辰幼儿园	1	9	33
朝晖五区幼儿园	1	18	61
京都实验幼托园	—	15	49
三塘实验幼托园	5	10	60
天水幼儿园	—	3	76
大成实验幼儿园	9	6	93
绿洲花园幼儿园	5	1	32
教育研发展中心	8	67	50
社区教育中心	—	35	104
教育技术中心	2	7	4
合计	82	1092	3281

从表 6 中的数据统计可以发现，下城实验区 2008—2010 年，各校（园）及相关部门都能够积极从事科研创作活动，共出版著作 82 部，发表论文 1092 篇，获奖成果 3281 篇，这些无疑体现了下城实验区教育科研的质量和水平。

三、教育学术大讲堂进展状况

"教育学术大讲堂"作为推广交流校（园）科研成果的平台，在学术生态群落项目的带动和影响下，使各基层校（园）充分展示优秀科研成果，共享教师研究智慧，让更多的一线教师发表观点，参与研究，促进交流，对创设更为浓厚的学术氛围和实现"高位高尚教育"具有重要的实践价值。至今，教育学术大讲堂共举办了29期，有近3000人次参与了这一活动。涉及的内容比较广泛，包括教育的有效性、生态课堂教学研讨、轻负高质教育系列研讨、区域教育生态理论研讨、新杭州儿童教育、学生学习方式变革、艺术教育、公民品格教育、幼儿有效阅读、课堂经典导入、有效教研方式等。学术大讲堂每月开讲一次。每学期初由各校（园）自主申报，研发中心根据实际情况与申报校（园）协调确定活动时间。活动形式多样，可以是论坛交流、课堂教学展示、研究成果介绍、特色呈现等。

▲ 教育学术大讲堂现场

表7　下城区教育学术大讲堂一览表

序　号	主　题	地　点	时　间
第一期	教育的有效性	杭州市下城区教育局	2008－05
第二期	新杭州儿童教育	杭州市景成实验学校	2008－06
第三期	浪漫学习：小学生学习方式变革与创新论坛	杭州市新华小学	2008－10
第四期	"生态课堂"教学研讨会	杭州市凤起中学	2009－04
第五期	生命化"五实"课堂	杭州市江心岛小学	2009－05
第六期	"轻负高质"草根论坛	安吉路实验学校武林校部	2009－05
第七期	艺术彰显文化　文化奠基人生	杭州市京都教育集团学校	2009－12
第八期	主题背景下的音乐教育活动	杭州市三塘实验幼托园	2010－01
第九期	塑造完美人格，追求卓越品位	杭州风帆中学	2010－03
第十期	"小场地　高品质"幼儿教育研讨会	杭州市安吉路幼儿园	2010－04
第十一期	特色提升品质，品质铸就生命	浙江传媒学院实验中学	2010－05
第十二期	区域教育生态理论研讨会	杭州市下城区教育局	2010－05

续表

序　号	主　题	地　点	时　间
第十三期	基于提高小学生综合学习能力的教学方式变革暨文龙巷小学省级课题教学研讨会	杭州市文龙巷小学	2010－06
第十四期	创新教学模式 研究课堂观察暨杭州市天水小学、刀茅巷小学市级立项课题开题论证会	杭州市天水小学	2010－06
第十五期	小课题研究促进教师专业成长	杭州市德天实验小学	2010－08
第十六期	让课堂轻松一点，精到一点	杭州市长寿桥小学	2010－09
第十七期	走向"轻负高质"的有效教学	杭州市下城区教育局	2010－10
第十八期	"让幼儿成为阅读的主人"研讨会	杭州市景成实验幼儿园	2010－11
第十九期	"课题式教研让轻负高质扎根课堂"研讨会	杭州市安吉路实验学校武林校部	2010－12
第二十期	经典五分钟——有效课堂导入教师创新大赛	杭州市青春中学	2010－12

续表

序　号	主　题	地　点	时　间
第二十一期	基于常态课堂的有效教研	杭州市胜蓝实验学校	2011 – 01
第二十二期	建构艺术教育体系，促进学生个性发展	杭州市京都小学	2011 – 03
第二十三期	实施校本课程开发构建学校特色文化	杭州市明珠实验学校	2011 – 04
第二十四期	课堂诊断——理念指导下的课堂研究	杭州市东园小学	2011 – 05
第二十五期	重视常态教研积聚教学底气	杭州市求知小学	2011 – 06
第二十六期	架构多元策略让幼儿享受快乐音乐	杭州市新华实验幼托园	2011 – 11
第二十七期	提升教育沟通能力发展教师专业素养	杭州市朝晖实验小学	2012 – 02
第二十八期	学书砺志　翰墨育人	杭州市永天实验小学	2012 – 03
第二十九期	游戏于乐　涂鸦于心	杭州市安吉路幼儿园	2012 – 04

第三节　教育科研整体水平跃升

调查研究发现，随着实验区工作的不断深入推进，教育科研工作在各校（园）不断生根发展，成绩喜人，也呈现出良好的发展态势。

一、下城教育科研整体水平提升的主要表现

（一）校（园）参与教育科研的意识显著增强

从课题的立项数、获奖数，论文、著作的发表、获奖，以及教育学术大讲堂的持续开展的统计情况看，100％的学校开展了课题研究，100％的学校有论文公开发表，63％的学校有著作出版，80％以上的学校都开展过教育学术大讲堂活动等。可以发现，校（园）参与教育科研的积极性比较高，参与教育科研的意识明显增强。而且大部分校（园）的领导都对科研工作高度重视并给予了极大的支持。其中，许多校（园）的校（园）长、书记都亲自主持课题，他们把课题研究当作培训教师、培养教师的平台，并把课题研究成果结集成册出版发行。比如，安吉路实验学校的骆玲芳校长自己主持国家级及省市级课题多项，发表论文多篇，并出版《学校知识管理》等著作，同时，带领学校教师开展学校主干课题及草根课题研究。多数中小学、幼儿园都设立了独立的科研组织机构，并建立了较规范的科研规章制度，涉及课题申报、课题管理、科研奖励等方面。所有这些情况表明，下城区各校（园）教育科研总体发展态势良好。

（二）科研管理更加规范科学，教育科研队伍逐渐壮大

下城区教育研究发展中心作为职能部门对教育科研进行规范管理，有序开展课题申报、论证、立项、指导、结题和成果奖励、推广等各项工作，重视省、市、区级立项课题并且指导到位，评审过程客观公正，择优推荐，并且加强对送审成果的指导。区教育研究发展中心建立了完备的科研管理制度，每年制定目标明确、内容具体的工作计划，按照要求形成年度工作总结。2008年以来，还制定了《下城区教育科学研究课题管理办法》《下城区教育科学研究课题申报评审办法》《下城区教育科学规划课题实施管理记载手册》和《下城区教育科研基地学校管理办法》等。区研发中心和各校（园）对各项课题加大专题培训、年度检查力度。组织各校（园）教科室主任、课题负责人及成员、骨干教师参加课题开题论证会、课题中期阶段检查交流等，并参与互动式点评。这一系列工作不仅保证了课题的规范性开展，而且培养了校（园）课题管理型人才和科研骨干教师，使下城区的课题做得更规范、更扎实，教育科研力量不断壮大。

（三）校（园）教育科研的实践价值得到提升

2008年以来，下城区课题研究取得丰硕成果，获得国家级科研成果奖1项，省级科研成果奖15项，市级科研成果奖48项，获奖论文和案例3281篇。科研水平有了大幅提高。尤其在课题研究方面，非常关注课题研究与教育教学实践相结合，使得课题研究过程中也相继产生了一些科研成果，如理论与实践相结合的学术论文、优秀的经验论文、编辑出版的校本教材等。所有课题的关注重点均是本区域或本校（园）的教育、教学和管理。课题研究有针对性地

解决了很多区域性或校（园）发展中的实际问题，教育科研的实践价值得到提升。

▲ 国家级课题结题鉴定会现场

　　下城区教育局原局长周培植主持的全国教育科学"十一五"规划国家一般课题"以教育生态理论促进区域教育现代化的实践研究"（课题批准号：BGA080339）研究成效突出，既在《教育研究》《中国教育报》等权威媒体上发表了研究成果，又在教育科学出版社出版了《好的教育：区域教育生态理论的研究与实践》，更为关键的是通过课题研究的引领，带动了区域教育现代化的发展水平。该课题也于2012年4月顺利通过结题，并获得"优秀"等级，得到了学界、官方和社会的高度认可。

　　区研发中心张晋红老师的2009年度市级课改立项课题"根在课堂，源在课本——新课程背景下数学课本资源优化和利用的实践"研究成效明显，获得市课改专项科研成果一等奖，在临安等地进行了推广，受到相关媒体的关注。课题研究过程中，培养和发展了一批数学学科教学能力强、研究能力佳的骨干教师队伍，促进了

155

下城区中学数学学科的发展。

二、下城教育科研整体水平跃升的动因

（一）科研导向正确

在全国教育综合改革实验区和教育学术之区建设背景下，通过开展国家级课题研究、区重大招标课题等加快建设教育学术之区、打造优质教育项目，形成了下城浓厚的教育科研氛围。近年来，下城区相继推出的草根研究专项课题、草根案例研究等面向一线教师的课题项目，以其研究切口小、操作性强、实效性高等优势受到了教师们的欢迎，课题申报积极性高、教师参与面广、研究实践性强，充分发挥了科研引领教育实践的作用，引导教师研究生态课堂、关注轻负高质，在研究中解决了诸多教育教学实际问题。

（二）领导带头引领

在实验区"院区共建，科研引领"的影响下，下城区领导非常重视教育科研，自 2008 年以来，着力打造教育学术之区建设，出台了一系列教育科研的保障机制，带头开展"以教育生态理论促进区域教育现代化的实践研究"等国家级课题研究，邀请中国教科院、浙江大学教育学院、浙江省教育科学研究院等科研院所和高等院校的领导与专家指导课题研究。通过实施"高品质教育生态的理论与实践研究"等二十余项区重大招标课题等，加快了建设教育学术之区、打造优质教育项目的进程。

（三）科研基础扎实

下城区一直倡导教师立足常态课堂，鼓励教师关注教育教学实践，以研究解决教育教学中的实际问题，发挥教育科研对教育的引

领作用，改变了科研与教学相脱节的现象。区内教师主动关注身边的教育教学问题，开展课题研究，不断提升教育科研能力，认真申报课题并撰写科研论文，使得历年的省市科研立项及获奖数均保持在全市前列。

第八章

区域教育发展均衡持续，教育质量整体提升

下城实验区通过立体化、多元化的改革措施，实现了区域内教育发展的均衡化、优质化及多样化，区域教育质量整体得以提升。本部分主要对区域教育均衡发展的公平优质准则及教育质量整体提升并成为区域发展的满意因子进行分析。

第一节　公平优质成为教育均衡发展的基本准则

教育均衡发展是一种新的教育发展理念，是一种新的教育发展观。教育均衡发展的最终目标，就是要合理配置教育资源，办好每一所学校，关注每一个孩子的健康成长，让所有的孩子都能享受作

为一种普遍的法律权利的良好的教育。其实质是追求教育公平，加强对人权和基本自由的尊重，促进每一个人的天赋、才能与潜力的充分发挥，以达成人生的目标与生命的意义，并通过教育达成个人的和谐发展来最终实现社会的和谐发展。

为此，下城区采取了一系列举措，概括为"五化"：一是办学集团化，通过"嫁接办学—链式发展"、"联盟办学—块式发展"、"移植办学—点式发展"及"城乡互助—联动发展"等模式予以实现。二是品牌特色化，在推进教育均衡的进程中，并不要求学校发展的模式化和同质化，追求表面上所谓的均衡，而是引导和鼓励学校积极发展富有个性的学校文化，培育学校的办学特色。三是教育全纳化，维护弱势群体受教育权益，为他们提供优质教育服务，是推进教育均衡公平发展的题中之义。四是名师梯级化。五是全员小班化。目前，小班化教育快速推进，小学小班率为81.49%，初中小班率为64.6%，为推进区域教育优质均衡发展，保障教育公平奠定了良好的基础。

在此基础上，三类教育在持续均衡发展的基础上获得了新成就。

（一）学前教育实现新突破

根据杭州市学前教育新政精神，出台了《关于全面推进下城区学前教育均衡公平优质发展的若干意见》等"1+5"系列文件，为促进学前教育事业发展提供了政策保障和支持。举行下城区首届幼儿创新科学游戏节，培养幼儿的"做中学"意识、科学思维能力和动手解决问题能力。积极做好幼儿园等级评估工作，2011年2所幼儿园分别以全市第一、第二的成绩被评为市特级幼儿园，4所幼儿园通过市甲级幼儿园评定。全区等级幼儿园覆盖率达100%，其

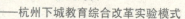
中，特级园 5 个园区，甲级园 35 个园区，位居杭州市前列。进一步拓展社区早教工作服务项目，0—5 岁婴幼儿看护人培训率达到 95% 以上。重视幼儿教师专业能力发展，在第二届全国幼儿园自制玩教具比赛中获得一等奖，是杭州市成绩最好的城区。

（二）义务教育推进新均衡

全面实施素质教育，出台了《进一步推进"轻负高质"工作的实施意见》，加强教学常规管理，深化生态课堂研究，探索"轻负高质"新路径。继续实施课业负担审查和公示制度，公示率达 100%。迎接杭州市城区"减负"督导互查获好评，顺利通过省教育厅"减负"专项检查，并在浙江省区域推进"轻负担高质量"联系县（区）现场会上两次交流下城区工作经验。在杭州市 2011 年初中毕业生学业水平抽测中位居全市第一，教育教学质量继续保持领先。全面实施"更追求整合，更关注热点，更贴近一线班主任"的德育工作策略，积极推进阳光体育运动，开展第二课堂行动计划、读书节、艺术节和科技节等活动，促进学生全面发展，提升学生综合素养。坚持教育的公益性，100% 解决辖区内符合条件的进城务工人员子女入学问题，进一步加强对普通学校随班就读工作的业务指导与管理，全区 4 个资源教室全部通过市合格资源教室评估验收。

（三）社区教育迈上新台阶

成功承办全国社区教育工作座谈会，通过典型发言、成果展示等方式，充分展示下城区社区教育发展成果。积极参与国家社区教育有关制度、规程、标准的制定，始终保持下城社区教育的先发优势。研制出台了《下城区关于进一步推进社区教育发展的实施意见》，明确了下城区社区教育的发展方向和重点任务。注重社区教育资源整合，编制《下城学习地图》，开展"教育超市"、"教育公园"教育服务活动，举办市民大课堂，实现社区教育全域共享。推进社区教育课程建设，多门课程入选杭州市第一届成人教育优秀教材，《老年学堂系列课程》被评为全国社区教育特色课程。推进青少年空间建设，启用"朝晖青少年空间"，开展空间社区"零距离"活动，拓展青少年的学习空间。拓展亚太地区社区教育资源中心"享学网"功能，着手筹建全国社区教育学习平台，并与其他5个全国社区教育示范区订立协议，推动地区之间的工作交流和沟通。

在区域教育均衡发展战略"下城特色"的推动下，下城教育初步呈现出均衡化、优质化、公平化、平民化的发展态势，为区域经济的高速发展和社会的公平、稳定、和谐作出了积极贡献：先后取得了50%左右教师成名师、区域优质教育覆盖率达95%以上、100%解决辖区内符合条件的进城务工人员子女就学问题、100%幼儿园进入等级行列、100%中小学幼儿园与农村学校建立结对帮扶关系、教育教学质量及教科研成果名列前茅等成绩，获得全国幼儿教育先进城区、全国推进义务教育均衡发展工作先进地区、全国社区教育示范区、浙江省教育强区、杭州市学前教育强区等荣誉。

第二节　教育质量成为区域发展中的满意因子

下城实验区在区域教育均衡发展的基础上也非常重视教育质量的提升。在保障教育质量发展的过程中，下城区率先成立了全国首家区级教育质量监测中心，由区政府主要领导担任领导小组组长，由教育、财政、人事等10个部门主要负责人组成领导小组成员，

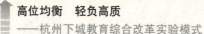
教育局主要负责人任监测中心主任。中心以促进教育公平、全面实施素质教育为目标，通过建设教育信息数据库，探索、研制基础教育质量评估体系，引领校园关注全体、全面、全程的教育质量。初步形成了区域教育质量监测体系和小学数学教学质量监测数据库，阶段性成果《借鉴 PISA 实施新课程小学语文阅读素养测评》获杭州市 2009 年度中小幼教学论文类一等奖，中学音乐和美术学科学业成就监测探索被多家媒体报道。2010 年 1 月又被确立为教育部基础教育质量监测中心项目样本区，参与"教育质量评价能力建设暨管理机制构建项目"研究。2011 年 9 月，下城区作为全国首个、省内唯一的"区域义务教育质量监测试点单位"，组织全区 24 个中小学的校长、学生、英语和体育学科教师 1000 余人参加了 2011 年国家基础教育质量监测，该项工作被教育部基础教育质量监测中心评为 2011 国家基础教育质量监测优秀组织奖。

▲ 杭州市中小学"轻负高质"联系校第二次现场会

　　教育质量的提升除了需要有外在的质量监测保障体系外，更需要教师的专业发展，需要生态课堂的建构，需要学校的优质发展等。2012 年 4 月 17 日，下城区承办了杭州市中小学"轻负高质"联系校第二次现场会，下城区很多学校都谈了本校在减轻学生课业负担、提高教育质量过程中的很好的经验和做法。《杭州日报》4 月 18 日以《"轻负高质"如何落实？来听听四所学校的经验》为题，对安吉路实验学校、长江实验小学、启正中学及长青小学给予了报道。

安吉路实验学校有个著名的浅草社团，集新闻、文学、艺术、科技和体育为一体，在促进学生全面发展的同时，也丰富了校园生活。

同时，学校还打破学科界限，采用"二纬三级校本培训法"，首创主干课题项目管理制，建立学校研究员队伍，推出自主多向选择的师徒结对制、校内教师督学制，开展草根论坛、教师讲坛、多元读书会，将"研究"的指导思想涵盖学校教育教学的各个领域，用研究的思想指导工作，提高教师的反思能力，从而提高教师实施轻负高质的能力。

长江实验小学的"学习站"模式也引起了大家的兴趣。所谓"学习站"，是在教室中专门开辟出一个地方来帮助学生进行个别辅导，不同的学习站，有不同的学习目标，随之而来的就是根据不同的学习目标设计分层练习。而学校教师研训社团九黎社、以"杂粮"为特色的课程俱乐部，也都受到了与会代表的好评。

作为下城区唯一一所民办中学，启正中学的"三瞄准"策略聚焦了不少目光。"三瞄准"指的是"瞄准时间利用率，瞄准学生参与率，瞄准目标达标率"的教学策略，旨在确保课堂高效率。同时，启正中学的研究性学习让学生走出校门，拓宽了视野，尝试着让学生与同学、老师、家长以外的人打交道，尝试着让学生与人协商、合作解决各种问题，深层次接触他们从未有机会接触的领域。

而在长青小学，则是提倡让学生自主选择自己喜欢做的事情，从而减轻学生的心理负担，提高幸福指数。

在长青小学，到处都是充满文化的关键词：长青藤文化、书香校园、藏书票长廊。学校有个书吧，不是简单意义上的一个读书之处，而是学生寻找乐趣和精神休闲的地方，"多读书、读好书"已成为长青学子的时尚。而有效课堂的"有效"，就是使学生获得充分发展，包括知识技能、情感态度、价值观的和谐统一发展。所以，老师们要做到精致备课，减掉那些无效的问题，无效的环节，无效的内容，把练习设计当成重要环节，按照作业量少、针对性强的标准，利用课堂40分钟时间，进行有效教学。

长青小学还认为，教学质量提高的关键在课堂，课堂的关键是学困生。在备课时教师们根据教学内容的不同类型、不同层次，把对学生思维发展起不同作用的典型题目筛选出来，分层布置，为学有困难的学生布置铺垫性的作业，为学有余力的学生布置拓展性的作业，做到"想在深处，站在高处，做在细处，落在实处"。

均衡发展基础上的教育质量的提升在一定意义上说，是要努力办让人民满意的教育，也即是好的教育。与此同时，《杭州日报》又以《"好的教育"一定是负担轻、质量好的教育》为题对下城区教育局局长黄伟进行了采访。

黄伟局长表示，随着教育均衡水平不断提升，家长和孩子希望走进学校，能够享受到"好的教育"。而"好的教育"，一定是负担轻、质量好的教育。

作为浙江省首批区域推进"轻负担、高质量"联系区，下城区依据省市教育行政部门相关规定，出台《关于进一步推进"轻负高质"工作的实施意见》，进一步加大行政管理力度，规范学校办学行为。

下城区把减轻学生过重的课业负担作为重要内容，列入办学水平综合督导评估的基础性指标，并在发展性指标中设定相关的内容，要求学校以督导评估为契机，全面展示办学水平，展示学生的综合素质。在中小学办学水平综合督导中实施"加重学生课业负担"降星级制度。凡发现中小学有违规办学行为，将在办学水平等级认定中降低星级，加大对"老大难"问题的整改力度。

课堂是学校教育教学改革的重点，提高课堂效率是实施"轻负高质"教育的主渠道。下城区以"有效教学，高效课堂"为导向，深入开展"生态课堂"研究，探索"以生为本"的多层次、个性化教育，加强课堂优质教学模式研究。自2008年以来，下城区每年举办一届生态课堂节，涵盖中小学、幼儿园的全部学科，前后历时两个月。其间，区教育质量监测中心、区教育研究发展中心等职能部门也深入课堂进行调研，以便发现问题，解决问题。

可见，教育质量提升需要各种因素的共同渗透，需要各方面的共同努力，下城实验区在合力兴教的力量推动下，蓄积多年的努力与坚持，一路锐意发展，区域教育教学质量名列全市前茅，德育、体育、科技、艺术教育工作成绩显著，许多工作走在省市乃至全国前列。在2010年杭州市人民满意学校评比中，全区32所中小学的平均满意度高达97.47%；在2011年杭州市人民满意学校评比中，全区 32 所中小学的平均满意度高达 98.26%；在下城区行风评议中，区教育局排名第四，被评为下城区行风建设先进单位；在杭州市 2011 年初中毕业生学业水平抽测中位居全市第一。受教育者得到全面而有个性的发展，社会弱势群体中适龄儿童受到充分关注和保护，家长、社会对教育的满意度逐年提高。教育质量已成为下城区域整体发展中的满意因子，下城教育也逐渐成为下城区域发展中的一张"金名片"。

第九章

区域教育改革模式备受瞩目，教育典范效应凸显

　　区域性推进教育改革已成为当下中国教育改革的重要形式，也成为当前教育改革关注的热点和焦点。本部分主要对社会媒体高度关注下城区域教育改革的发展模式及下城区域教育改革的引领辐射效应予以展示。

第一节　媒体高度关注区域教育改革模式

　　下城实验区作为中国教科院的首个教育综合改革实验区，其在成立、发展过程中始终受到社会媒体的高度关注。

一、新华网讯：我国首个教育综合改革实验区落户杭州下城区

我国首个教育综合改革实验区 16 日在杭州下城区揭牌运作。

国家教育科学规划领导小组办公室主任、中国教科院院长袁振国向记者表示，综合改革实验区将是探索区域性推进教育改革发展的成功模式，并在探索过程中建立反应迅速的全国教育信息反馈机制，为国家教育政策的制定、执行和调整提供可靠根据，促进全国教育事业的健康发展。

▲ 下城实验区签约仪式现场

记者采访了解到，近年来，杭州市下城区以彰显公平、张扬个性、协调发展、可持续的教育生态理念，指导区域性教育改革和创新走出了一条新路子，引起了国家教育部门和联合国教科文组织的关注。联合国教科文组织专门在下城区设立亚太地区社区教育资源中心、全民教育质量监测下城中心。这次，根据教育部工作的整体部署，杭州市下城区被纳入我国教育综合改革实验的试点地区，由

中国教科院直接参与项目的研究和指导，与当地政府合作进行全方位的教育综合改革实践，同时，建立实验区向教育部领导和有关司局的专报制度、教育综合改革实验区网上专门频道，及时总结、提炼、推广改革取得的成效及经验。

袁振国说，实验区针对我国教育改革发展中的热点问题和任务，以项目合作为基本形式，与地方教育行政部门共同策划和承担合作计划和具体合作内容。杭州市下城区是我国首个教育综合改革实验区，今后还将在中西部选择几个有代表性的地区建立教育综合改革实验区。

（新华网浙江频道，2008－05－17）

二、《杭州日报》讯：下城区成为全国首个教育综合改革实验区

根据教育部工作部署，中国教科院拟在全国东、中、西部确定8—10个教育综合改革实验区，杭州市下城区成为全国首个教育综合改革实验区。

中国教科院认为，下城区近年来教育生态理论的实践与研究取得阶段性成果，是具有区域特色的教育改革发展模式，是东部地区教育综合改革的典型代表。5月14—17日，"下城区人民政府、中国教科院教育综合改革实验区合作协议签约仪式暨教育生态理论研讨会"在下城区举行。双方将在研究制定下城区域教育发展10年规划、传递国内外教育发展前沿信息、创新教师培训模式、指导教育教学改革、加强和完善教育质量监测体系、研究探索新型道德教育方式、指导下城区新课程改革工作、建立中国教科院教育综合改

革实验区联席会制度、增设有特色的合作内容等九个方面开展长期合作。签约仪式上，开通了中国教科院"教育综合改革实验区"专题频道，今后该频道将全面展示下城教育的重大事件，向全国推广下城教育的成功经验，中国教科院驻下城区专家工作组同时成立。

下城区与中国教科院的合作，将为下城教育在高平台上的跨越式发展提供强大的智力支持，也有助于打造中国教科院与地方政府合作样板，探索出区域推进教育改革发展的成功模式，为全国推进教育现代化提供借鉴。

（《杭州日报》，2008 – 05 – 19）

三、《青年时报》讯：中国教科院 5 位专家"落户"杭州

上周五，中国教科院与杭州市下城区人民政府签订了教育综合改革实验区合作协议，下城区成为全国首个教育综合改革实验区，一个"所区共建、整体推进、科研引领、创新发展"的新型模式由此诞生。中国教科院博士后工作站合作导师华国栋、全国教育科学规划办公室刘贵华教授及中国教科院博士后王小飞、吴景松、杜卫受聘为专家工作组组员。

中国教科院"教育综合改革实验区"专题频道也随后开通。

中国教科院派出专家到杭州下城区，与下城教育工作者组成研究工作组，这正是上周五签订的教育综合改革实验区合作协议的合作方式之一。而这些派驻下城的专家们，将与下城合作研究的内容有：研究制定既有先进性又符合实验区特点的下城区域教育发展 10年规划；不定期向下城区传递国内外教育发展的前沿信息，为下城

区教育决策服务；加强和完善教育质量监测体系；指导下城区新课程改革工作等。

除了科研外，根据协议，中国教科院和下城区还可通过定期举办培训班等形式集中培训，也可通过咨询、访学进修等形式进行个别指导。比如，下城区将可以定期派人前往中国教科院进修培训。

这份合作协议为期5年，其间，中国教科院将根据下城区科研需求，每年派驻不同专长的科研专家，并帮助下城区每年申请到一项有经费支持的全国教育科学规划重点项目。

（《青年时报》，2008 – 05 – 19）

四、《中国教育报》讯：中国教科院下城教育生态研究中心挂牌

中国教科院下城教育生态研究中心，日前在杭州市下城区挂牌。据悉，这是该所在北京之外设立的第一个研究中心。

去年5月，中国教科院在下城区成立了全国首个教育综合改革实验区，并派专家常驻下城区，直接参与、指导实验的开展。为了进一步促进区域教育生态理论的研究与实践，中国教科院在下城区设立了教育生态理论研究中心。

为了促进区域教育生态理论的研究与实践，推广区域教育生态理论的研究成果，中国教科院经过多次实地考察，去年5月在下城区成立全国首个教育综合改革实验区，开始了中国教科院下城教育生态研究中心的筹建工作。

为了建好教育生态研究中心，下城实验区成立了专门的筹建办公室，进行了大量卓有成效的工作：成功地申报了国家级课题"以

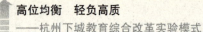
教育生态理论促进区域教育现代化的实践研究"；创办了内部期刊《教育生态研究》；建立了全国首个区县级教育生态理论资料室；以研究会所的形式定期开展了相关的研讨活动……

　　经过一年多的努力，中国教科院下城教育生态研究中心最终落户下城。11月15日下午，在首届文晖论坛上举行了中国教科院下城教育生态研究中心授牌仪式。中国教科院下城教育生态研究中心成立后，中国教科院将进一步加强对下城实验区开展教育生态理论研究与实践活动的指导，深入探索"高位均衡、轻负高质"的区域教育综合改革发展模式。

（《中国教育报》，2009 - 11 - 25）

五、《杭州日报》讯：中国教科院下城教育综合改革实验区三岁了！

　　2008年5月16日，对于下城教育来说，是一个值得载入发展史册的日子。当天，中国教科院与下城区牵手联姻，全国首个教育综合改革实验区落户下城。

　　中国教科院委派专家常驻下城，直接参与实验项目的研究与指导。同时，建立实验区向教育部领导和有关司局的专报制度，开通教育综合改革实验区网上专门频道，探索区域性推进教育改革发展模式，打造"中国样本"，为在全国推进教育现代化提供借鉴。

　　双方紧紧围绕下城区打造"繁华时尚之区"、培育"高位高尚教育"品牌的战略要求，遵循"所区共建、整体推进、科研引领、创新发展"的工作方针，不断深化"高位均衡、轻负高质"特色实验模式，推进教育的综合改革创新。

斗转星移，流年相催。至今，中国教科院下城教育综合改革实验区成立三周年了。三年过去，下城教育不仅成为中国教育的先锋，担当起构建中国特色区域教育现代化范例的使命，打造中国特色教育样本的探索也仍在继续。

全国首创区域特色教育理论，再生性集团化办学模式深化，教育人力资源成长工程推出，中国杭州国际教育创新大会（文晖论坛）、亚太地区教育创新奖·文晖奖影响力空前……下城教育一系列的重大改革探索，几乎都在这个转型期内完成。

教育的改革创新，要以惠民为最终指向。住在下城的老百姓能切身感受到的是，身边的好学校在不知不觉中增多，而且它们每一天都发生着可喜的变化。

▲ 下城教育综合改革实验区成立三周年工作经验交流会

给教育"沙化"一帖良方——区域教育生态理论引领全区教育发展

庸俗化、同质化、过度社会化……不得不承认，教育正逐渐被"沙化"。正因为如此，下城区教育局立足中心城区特点，探索实践区域教育生态理论，并以此为引领推进区域教育的实践创新，开创了再生性集团化办学模式，梯级名师培养工程，学前教育、义务教育、社区教育"金三角"模式，督评"一室两中心"运行机制，中国杭州国际教育创新大会等一系列原生性特色品牌，区域教育的均衡化、优质化、公平化、平民化水平不断提高。

好学校、好幼儿园纷纷办在家门口——优质教育资源基本做到全覆盖

围绕下城共建共享"繁华时尚之区"的战略要求，对照中国教科院对下城提出的"高位均衡、轻负高质"特色实验模式，下城区形成了一系列具有区域特色的教育发展方略，着力打造"高位高尚教育"。以此为统领，下城还探索出有区域特质的具体做法。比如，在形成"嫁接办学—链式发展"、"教育联盟—块式发展"等模式基础上，拓展再生性集团化办学思路，实施优特集团化办学模式，把那些名气不一定很大，但教育教学质量优良，老百姓信任的家门口的"年轻"学校组成优校教育集团。目前，在全区组建了29个教育集团，中小学、幼儿园受益面95%以上。这样做的直接好处就是，老百姓不用再舍近求远、费尽心机地为孩子择校了，因为在自己的家门口就有好学校，就有最适合的教育。

加重学生课业负担＝降低星级——出重拳为"轻负高质"保驾护航

为确保"轻负高质"落到实处，下城区把减轻学生过重的课业负担作为重要内容，列入办学水平综合督导评估的基础性指标，在中小学办学水平综合督导中实施"加重学生课业负担降星级"制度：凡发现中小学有违规办学行为，将在办学水平等级认定中降低星级。建立"轻负高质"督学责任区，由专兼职督学、区教育研究发展中心学科研究员、相关学校领导为成员，聘请中国教科院驻下城专家组专家担任顾问，定期对学校教学管理过程、课堂教学特别是薄弱学科、体育艺术等专项工作进行检查与指导。

在中国教科院教育综合改革实验区的推力下，下城教育快速、和谐发展，各项工作继续走在省市乃至全国前列，区域教育品质持续提升，群众满意度稳步提高，下城教育的知名度、美誉度和影响力由区域走向全国，并一步步向国际化迈进。先后获得全国社区教育示范区、全国推进义务教育均衡发展工作先进地区、全国首届教育改革创新奖、浙江省区域推进"轻负担、高质量"联系区、杭州市学前教育强区等荣誉。

延伸阅读

"这是我国区域教育综合改革的典范"

——专家眼中的下城教育发展模式

教育生态理论是在科学发展观指导下，坚持以人为本，促进教育持续发展的创新理论。通过多年的研究实践，下城教育在区域教育生态理论指导下取得了可喜的成果。下城教育综合改革实验区成立后，坚持以区域教育生态理论引领教育现代化发展，坚持"高位均衡、轻负高质"的特色发展模式，赢得了政府认可、学界关注、社会满意的良好局面，成为我国区域教育综合改革的示范与引领的典型范例。

——中国教科院院长袁振国

下城的教育生态理论，并不是去全盘搬用别人的东西，而是从下城教育实践的需要和应对教育"沙化"问题出发，经过了自己的改造。教育生态理论的核心概念是"多样性"，这也推动了下城教育实践初步走向了多样性。

——《人民教育》杂志总编傅国亮

当前，下城实验区提出打造教育学术之区，这不仅仅是个行动目标，是把教育价值追求融合到了整个教育布局中，已经提前一步抓住了未来教育的一些根本性的问题，再坚持若干年，一定会大有所成，给全国提供好的范例和经验。

——中国教科院副院长田慧生

该理论的影响已不仅仅局限在杭州，在全省、全国都有比较广泛的影响。不仅如此，老师、家长的认可度也比较高，这是社会对下城教育的一个肯定。

——浙江大学教育学院常务副院长徐小洲

该课题将理论与实践有机结合、工作与学术有机结合、个体与群体有机结合、当下与未来有机结合，关注教育改革的重点与难点，整合全局各级各类课题，使得教育生态理念日益深入人心，进而促使区域教育实现高位均衡、优质协调发展。

——全国教育科学规划办公室副主任刘贵华

（《杭州日报》，2011－05－23）

第二节　区域教育改革引领辐射效应突出

下城实验区教育综合改革模式既得到了社会媒体的广泛关注，更是对其他区域教育改革与发展起到了引领辐射效应，很多地区纷纷前来考察、学习与交流，具有区域教育改革的范例和样本价值。

一、实验区内部区际联动发展机制

实验区内部区际联动发展机制主要是指中国教科院所建立的几个实验区之间的联动发展机制，它是根据中国教科院教育综合改革实验区建设的基本要求所开展的实验区之间的学习、交流活动。

（一）区际联动推进质量监测工作

2010 年 3 月 19 日，大连开发区实验区专家组李晓强副研究员与教育质量分析中心主任周德鹏专程赴下城实验区交流区域教育质量监测的改革经验。双方在下城区教育研究发展中心会议室举行了"下城—大连开发区教育质量监测交流座谈会"。

下城区教育质量监测中心副主任汪琪首先向大连开发区实验区的同志详细介绍了下城实验区教育质量监测中心的成立背景、发展历程、体制机制建设，以及中心的人员结构等方面的情况，并围绕下城实验区国家级课题研究、义务教育质量监测体系相关课题研究、课堂监测互动体系项目、学科质量影响因素研究、基于 PISA 项目理念的学业监测研究、初中音乐教育质量专项监测等重点工作进行了详尽的阐述。

郑宏尖主任则对教育研究发展中心的组织机构、职能定位、人员编制等情况作了简要说明，并结合区域教育质量监测体系的建设，重点介绍了研发中心在区域学科教学质量监测方面的各项举措与机制。

大连开发区实验区教育质量分析中心主任周德鹏也对下城实验区在区域教育质量监测的改革与探索中所付出的努力、艰辛、勇气表示钦佩，并对下城实验区的同志所表现出的改革精神感到由衷的敬佩。周德鹏主任认为，此次到下城实验区学习区域教育质量监测的先进经验收获很大，对大连开发区实验区启动并推进教育质量监测与分析工作有很大的启发。

活动结束后，李晓强副研究员、周德鹏主任均认为，此次到下城实验区学习、考察、交流收获巨大，不但了解了下城实验区在区域教育质量监测方面的各项改革措施，更为重要的是对教育质量监测有了全新的认识，也感受到了下城实验区锐意改革的进取精神和实验区之间联手合作的情谊。他们表示，回去后将加强与下城实验区之间的交流合作，并进一步推进大连开发区实验区的教育质量监测与分析工作，并热烈欢迎下城实验区的同志到大连开发区实验区考察交流，共同推动中国教科院教育综合改革事业。

（二）区际联动共享科研管理经验

2010年6月7日，中国教科院科研管理处原处长、大连开发区实验区专家组组长陈如平研究员到杭州下城实验区交流。他首先介绍了大连开发区实验区改革工作的进展，重点介绍了中国教科院大连开发区实验区专家组围绕"理念引领—整体建构—品牌提升"的工作策略，积极探索学校发展的新模式，及深入推进开发区学校的自主发展、内涵发展和特色发展等方面取得的实效和经验。下城区教育局党委书记周培植围绕下城实验区"高位均衡、轻负高质"的目标，介绍了区域教育生态理论研究实践情况、下城实验区着力加强干部与教师队伍建设及打造现代化强区的探索与实践情况。周书记表示，要进一步加强实验区之间的互动交流，促进区际联动，推动实验区共同发展。下城区教育局局长邵伟华介绍了下城实验区近期工作，并诚挚邀请陈如平组长经常到下城来交流。下城实验区专家组组长王小飞博士则结合专家组的工作情况，简要交流了下城实验区的科研管理经验。

▲ 杭州下城区—大连开发区区际联动

6月8日，大连开发区实验区教师进修学校朱铁男主任一行4人专程就区域科研管理经验与下城实验区研发中心相关人员进行了交流。研发中心汪琪副主任就近年来下城教科研的发展历程、特色品牌、经验做法和所取得的主要成就作了介绍，并对机构变革、教育共建、课题招标、创新大会、研究共同体、学术大讲堂、草根研究等创新举措作了重点阐述，向考察团呈现了下城实验区"全员、全面、全程"的教科研管理模式以及"基于草根，培育情怀；服务基层，提升素养；规范管理，打造品牌"的操作路径。考察团一行认为，此次到下城实验区学习考察收获很大，对教科研工作有了启发性认识，尤其对课题招标、成果展示、创新大会、课堂节、草根研究印象深刻。最后，双方一致表示，要进一步加强交流与合作，共同推进实验区教科研工作的发展。

（三）教育人力资源成长工程区际联动机制启动

2010年6月10日，下城实验区隆重举行了"中国教科院教育

179

综合改革实验区教育人力资源成长工程区际联动（杭州下城—深圳南山）启动仪式"。中国教科院教育综合改革实验区办公室主任、全国教育科学规划领导小组办公室副主任刘贵华，教育综合改革实验区办公室蒋峰老师，下城区教育局党委书记周培植，局长邵伟华，副局长卜家雄、郑宏尖，深圳南山区教育局副局长王水发，中国教科院下城实验区专家组组长王小飞博士，组员祝新宇博士、刘光余博士，中国教科院南山实验区专家组组长张布和教授及双方校（园）长代表，下城区教育局办公室、组宣科、人事科、研发中心、生态办的有关同志参加了启动仪式。仪式由邵伟华局长主持。全国教育综合改革实验区办公室蒋峰老师介绍与会嘉宾。

▲ 杭州下城—深圳南山区际联动

中国教科院院长袁振国高度重视实验区工作，为本次活动专门发来贺信。贺信指出，下城实验区成立后，坚持以区域教育生态理论引领教育现代化发展，坚持"高位均衡、轻负高质"的特色发展模式，赢得了政府认可、学界关注、社会满意的良好局面，成为我国区域教育综合改革的示范与引领的典型范例。深圳南山实验区在课程改革、教育信息化和国际化人才培养三个教育发展制高点上取得了令人瞩目的成绩，成为区域教育现代化发展的改革先锋。此次两区启动区际教育人力资源联动发展工程，是中国教科院教育综合改革实验区区际互动、整体推进的一件大事，是切实履行"资源共享、形成机制、区际联动、整体发展"的实验区工作机制及区际教科研共同体、区际校长和教师交流、区际教师教学能力提升三大联动项目的重大举措，必将会全面带动教育综合改革实验区之间的互助、合作、交流，从而促进实验区之间教育人力资源专业素质的共同提高，为打造教育家、办人民满意的教育作出贡献。

▲ 杭州下城—成都青羊区际联动

2010年11月6日下午，中国教科院教育综合改革实验区人力资源成长工程"杭州下城—成都青羊"区际联动启动仪式在下城实验区隆重举行。中国教科院教育综合改革实验区办公室主任、全国教育科学规划领导小组办公室副主任刘贵华，中国教科院报刊中心副主任蒋建华，中国教科院教育综合改革实验区办公室蒋峰，下城区教育局党委书记周培植、局长邵伟华、副局长郑宏尖，成都青羊区教育局党委副书记古红云，中国教科院下城专家组祝新宇博士、胡军副研究员，中国教科院青羊实验区专家组组长李晓强副研究员，组员刘光余博士、潘亦宁博士出席启动仪式。双方校（园）长代表，下城区教育局办公室、组宣科、研发中心的有关同志参加了此次活动。仪式由刘贵华主任主持。

启动仪式上，教育局党委书记周培植致欢迎辞。他对成都青羊实验区古红云副书记一行来下城参加区际联动启动仪式和2010年中国杭州国际教育创新大会（文晖论坛）表示欢迎，并简要介绍了下城教育的发展概况，建议两区加强互访互学力度，还对下城实验区接待青羊来访干部的五所学校提出了具体要求。随后，成都青羊区教育局党委副书记古红云讲话，她对下城实验区领导在国际教育创新大会开幕在即、接待任务繁重的关键时刻，抽空出席两区区际联动启动仪式表示衷心的感谢。两区教育局领导都对中国教科院为杭州下城和成都青羊搭建区际联动平台表示感谢，表示一定会珍惜、会用好这个平台，让它成为推动两区教育快速发展的重要载体。最后，全国教育综合改革实验区办公室主任刘贵华讲话。他指出，启动区际联动的目的是学习、交流对方的管理思想、管理方法和实践举措，两区要进一步统一思想，加强联系，提高实效，创新发展，将区际联动作为提升实验区整体水平的重要举措，积累区际联动的有效经验和做法。

2011年4月10日，"中国教科院教育综合改革实验区教育人力资源成长工程区际联动（杭州下城—大连金州）启动仪式"在下城实验区隆重举行。中国教科院教育综合改革实验区办公室主任、全国教育科学规划领导小组办公室副主任刘贵华，中国教科院教育综合改革实验区办公室蒋峰，教育局党委书记周培植、副局长郑宏尖，大连金州新区教育文化体育局基教处视导员王占鳌，中国教科院下城实验区专家组组长祝新宇博士、专家刘惊铎教授出席此次活动。郑宏尖副局长主持仪式。

▲ 杭州下城—大连金州区际联动

启动仪式上，周培植书记致欢迎辞。他对大连金州新区实验区同行来下城参加区际联动启动仪式表示欢迎，并简要介绍了下城教育的发展概况以及近年来下城以国家级课题带动各级各类研究，打造"高位均衡、轻负高质"特色实验模式的有关情况。祝新宇博士希望通过区际联动增进交流合作，互相学习借鉴，加强合作，共同推进教育综合改革实验区的发展。大连金州教育文化体育局基教处视导员王占鳌表达了感谢之情，并表示考察团一行一定会珍惜、用好这个平台，使之成为推动两区教育快速发展的重要载体。

最后，刘贵华主任进行了总结发言。他指出，启动区际联动、搭建交流平台是中国教科院教育综合改革实验区的一项重大战略举措，希望各实验区能够在"区际联动、形成机制、资源共享、创新发展"的16字方针指引下，为国家教育改革和教育决策提供参考，并不断探索有意义、有效果的区际联动新形式，进而提高实验区的整体水平。

二、实验区外部区际辐射影响

（一）张家港市教育考察团到下城实验区考察交流

2009年12月7日，江苏省张家港市教育局副局长黄大龙、教研室主任朱建兴率该市全体普通高中校长及数学、语文、英语、物理、化学、生物、政治、历史学科的中学教研员一行21人专程到杭州下城实验区进行参访交流。张家港教育局副局长黄大龙向下城实验区的同志交流了张家港在生态课堂建设方面的成功经验，以及有关生态课堂建设的课题研究进展与成果。黄大龙副局长表示，此次到下城实验区了解了区域教育生态理论的构建和生态课堂建设方面的先进经验，对张家港的区域教育现代化发展有极大的启示。他建议加强张家港与下城实验区之间的教育交流与学习，建立区域间的互动机制，共同促进两地的教育发展。

▲ 张家港市教育考察团到下城实验区考察交流

2010 年 1 月 12 日，江苏省张家港市教育局副局长黄大龙和陈国华亲自带队，率张家港市教育局基础教育科、教研室负责人及初中校长等一行 38 人组成教育考察团再次赴下城实验区专题考察交流生态课堂建设。

安吉路实验学校的高丽萍老师从一名普通教师的视角，以《我眼中的生态课堂》为题向考察团一行就生态课堂作了个人解读。安吉路实验学校校长骆玲芳从学校层面，向大家介绍了学校九年一贯学制的总体情况。下城区教育局党委书记周培植从区域层面，向考察团作了题为《区域教育生态理论创新的价值思考》的专题报告。精彩的课堂教学、生动的经验介绍、高水平的专题报告，引起了张家港同行们对教育生态理论引领下的区域教育现代化发展的极大兴趣。在交流现场，考察团一行围绕区域教育综合改革实验、教育生态理论、生态课堂建设、区域科研引领等主题，与中国教科院下城实验区专家组、周培植书记、骆玲芳校长进行了热烈的互动交流。张家港教育局黄大龙副局长表示，此次到下城实验区的学习交流受益匪浅，对基于教育生态理论的区域教育的现代化发展有了更深的认识。

（二）深圳市龙岗区教育考察团到下城实验区考察交流

2010 年 8 月 10 日，由《中国教师报》上海记者站牵首，深圳市龙岗区教育局副局长程畅、韩园林带领局机关科室长及中小学校长、教办主任等一行 30 余人到下城实验区考察交流。教育局党委书记周培植、大成实验学校领导班子成员及办公室部分同志参加了接待。

▲ **深圳市龙岗区教育考察团到下城实验区考察交流**

周培植书记按龙岗区教育局领导的要求介绍了区域教育生态理论的研究缘起、核心理念、实践举措和实践成效，并从集团化办学、直属单位改革、梯级名师培养、特色品牌建设和对外交流合作五个方面详细介绍了实验区教育改革与发展的特色举措。周书记还就实验区教育改革发展的思路和队伍建设等问题与考察团进行了深入的交流。并指出，教育要让专业的人去做专业的事，要按规律办事，不能随波逐流、随风起舞。

程畅副局长表示，周培植书记的介绍既有理论深度又贴近此次考察需要，很有启发，他们受益匪浅，希望能与龙岗区建立亲密、持久的战略合作关系，促进两区教育共同发展。考察团一行还参观了大成实验学校，听取了唐西胜校长关于学校办学思路、特色举措及办学成效的介绍。

（三）武汉市武昌区教育考察团到下城实验区考察交流

2011年3月15日，武汉市武昌区教育局副局长陈芳一行26人到下城实验区学习考察。区教育局副局长郑宏尖及教育科、青蓝小学相关人员参加了接待。

▲ 武汉市武昌区教育考察团到下城实验区考察交流

郑宏尖副局长在简要介绍下城区域概况的基础上，围绕教育均衡发展和质量监测两个主题，重点交流了下城区在推进集团化办学、实施"南精北快"发展战略以及完善教育质量监测网络等方面的先行经验和具体做法。青蓝小学王红军校长则从学校实际出发，就集团学校内部管理、教师科研俱乐部、"青青、蓝蓝"特色活动、"校长聊天课"等运转情况向考察团成员作了详细汇报。双方还就集团化办学、教师队伍建设、教育质量提升等问题进行了热烈的讨论和交流。

座谈结束后，考察团一行实地参观了青蓝小学的校史陈列室、多功能厅、美术教室、计算机教室及校园文化宣传橱窗等。区域教育生态理论、再生性集团化办学模式、梯级名师培养机制以及青蓝小学的"嫁接办学"理念、"抱团发展"模式、"星级教师"评价方式、"综合化"评价手段等得到了考察团的一致好评。

（四）东营市教育考察团到下城实验区考察交流

2011 年 5 月 4 日，山东省东营市胜利教育管理中心副主任刚宪军一行 11 人到下城实验区考察学习。局党委书记周培植、副局长郑宏尖及办公室、教育科、督导室、朝晖中学、青蓝小学、刀茅巷小学有关人员参加了接待。

周培植书记对刚宪军副主任一行表示欢迎，并向考察团一行介绍了下城区域概况，区域教育生态研究与实践、教育质量监测等方面的改革创新举措及教育发展的主要成效。他还陪同考察团一行参观了教育发展馆、中国教科院驻下城专家组工作室和教育生态研究所。

▲ 东营市教育考察团到下城实验区考察交流

郑宏尖副局长结合东营教育发展中的问题与困惑，从集团化办学、梯级名师培养、区内教师流动、学生学业成绩监测、教育督导五个方面向考察团一行具体介绍了下城实验区推进教育均衡发展的创新举措和实践经验。

刚宪军副主任表示，下城实验区在推进教育均衡发展方面有很多好的举措和做法，此次来下城考察很受启发、受益匪浅，希望能进一步加强两地间的合作交流。考察团一行还参观了朝晖中学、青蓝小学和刀茅巷小学。

　　（五）北京市东城区教育考察团到下城实验区考察交流

　　2012年4月17日下午，北京市东城区教委副主任万迪欣一行11人到下城实验区考察交流。区教育局党委书记、局长黄伟，副局长郑宏尖，局办公室相关人员参加了接待。

▲ 北京市东城区教育考察团到下城实验区考察交流

　　座谈会上，黄伟局长简要介绍了下城区域发展概况及教育事业主要情况，着重介绍了实验区义务教育均衡发展所取得的经验，并就集团化办学、特色品牌建设、人力资源建设等工作进行了交流。郑宏尖副局长介绍了梯级名师培养工程、"名师共享"制度等教育人力资源培养的特色举措。万迪欣副主任认为，下城实验区为促进义务教育均衡发展所做的工作和所取得的经验值得学习和借鉴，并详细介绍了东城区教育发展情况。

期间，考察团一行还参加了由区教育局承办的杭州市中小学"轻负高质"联系校第二次现场会主题论坛，并围绕区域"轻负高质"教育的推进、课堂教学改革以及提高课堂教学的有效性等工作进行了交流。

（六）大兴安岭地区教育考察团到下城实验区考察交流

2012年4月22—23日，黑龙江省大兴安岭地区教育局党委书记、局长王晓霞一行8人来下城实验区考察交流。教育局党委书记、局长黄伟，调研员周培植，党委副书记、副局长潘德娴，副局长郑宏尖及办公室、研发中心、社区教育中心、长寿桥小学、长青小学等有关负责人参加了接待。

考察期间，王晓霞局长一行参加了国家级课题"以教育生态理论促进区域教育现代化的实践研究"结题鉴定会，并就区域教育生态理论与课题总负责人周培植进行了探讨。考察团还应邀参加了"好的学术　好的教育"下城教育学术之区建设推进会，并就教育学术之区新一轮建设工作与黄伟局长进行了交流。在此基础上，教育局还与考察团一行举行了专题座谈会，就区域推进教育改革与发展的成功经验与特色举措进行了研讨和交流。座谈会后，考察团实地参观了下城区社区教育中心、长寿桥小学、长青小学，观摩了"生态课堂"教学活动及学校文化建设。

通过交流座谈和实地考察，王晓霞局长认为下城区区域教育生态理论的研究、教育综合改革实验区的推进以及教育学术之区的建设等工作特色鲜明，成效卓著，其成功经验值得学习和借鉴。她希望，双方能够继续加大合作力度，促进教育事业的共同发展和提高。

结束语

追求"好的教育"

　　下城教育综合改革实验区历经四年多艰辛探索，在区域教育生态理论的引领下，在探索"高位均衡、轻负高质"的实验模式过程中，迎来今朝丰硕成果：高位均衡的教育制度体系更趋完善；区域开放办学特征更加明显；品牌学校更具特色和多样性；生态课堂的质量有了更大的提高；区域教育现代化质量监测与评估体系日趋成熟。下城教育综合改革实验已经习养了当地教育文化的独特气质，淬炼了下城教育的质地与定力，促进了下城教育水平的整体提升，助推了下城教育在杭州市、浙江省名列前茅。下城区域教育生态理论已经和"高位均衡、轻负高质"的下城模式紧密相随，并通过多种教育途径展示出来，对下城教育工作者乃至所有下城人的精神信仰产生了极大的影响：让每个层面的教师都有成长希望的梯级名师培养制度；让下城所有民众对教育公平充满预期和信心的再生性教育集团化办学模式；让惠及最草根、最大众的"教育因你而美丽——感动/影响人物评选"活动等。下城教育，既在教育之间，又在教育之上，已经沉静而有度地行进在追求"好的教育"的路上，"好的教育"已成为下城教育综合改革实验的根本追求。

"好的教育"是一种创新的教育发展观。一个孩子的教育，牵动的是一家数代人的心，而一代人的教育，则会牵动整个社会的心。享受好的教育，是每个人获得发展的基本保障，更是一个众人关注的焦点问题，蕴含着人民群众一个最基本的诉求！有了好的教育，社会弱势群体子女才不会输在起跑线上，才有可能与社会其他阶层子女享受同样优质的教育，社会各阶层才有可能正常流动和分化，全社会才能充满活力、安定有序，才能早日形成"人心和善，人际和顺，人间和美，社会和性"的局面。"好的教育"是一个比较和动态的概念。"好的教育"的评价标准不是一个单项指标，应是多维评价指标，不仅有数量发展水平指标，而且还要有质量标准。从内涵上看，"好的教育"应当拥有最先进的理念、最完备的制度、最优质的要素和最丰富的资源。"好的教育"是敬畏生命的以人为本的教育，是满足学习者的学习需要的、体现公平价值取向和高质量的教育。"好的教育"是有生态智慧的教育，要将哲学精神和生态智慧融贯于教育实践，生成一种具有哲学理性和生态意识的教育智慧。"好的教育"是重视教育基因、讲伦理的教育，是对经济社会发展和人的成长进步贡献程度高，并能最大限度地提升国民整体素质、提高国家综合实力的教育。只要是本着向善、向优、向美的教育，都是"好的教育"。

下城教育综合改革实验不是为了最终建构一种教育理论或是一种模式，而是为了最终追求"好的教育"。"高位均衡、轻负高质"是区域教育生态理论以及"好的教育"所传达和指向的价值取向，但它们并不说明下城已经完全实现了这样的教育，它们只是"指向

月亮的手指",而并非"月亮"①。下城教育工作者希望通过对"好
的教育"的追求,对区域教育生态理论的阐述,对下城实验模式的
理性反思,能够计全社会关注教育更深层、更本质、更纯粹的内
容。当然,更希望通过"高位均衡、轻负高质"的下城实验模式的
阐释,触发人们对"好的教育"的意涵和实现路径的更多思考,对
区域推进教育综合改革的更多认识。创作本书的宗旨,就是为了鲜
活地反映出下城区域推进教育综合改革如何助益"好的教育"不断
发展,并且影响、辐射其他区域。随着区域教育生态理论内涵的不
断丰富与充盈,所蕴含的教育本质性内容也愈加凸显,即区域教育
生态理论不仅仅是适合下城区的教育理论,更是一种普适性的教育
理论。其研究目的也不仅仅是一次区域性的实践总结和理论凝炼,
更是对我国教育改革发展趋势的思考,更是为了在全国普遍实现
"好的教育"。

---

① 《楞伽经》中说:如愚见指月,观指不观月。也即说,我们不应该傻
傻地认为,指向结果就是结果本身,就好像我们手指着月亮,却并不表示我们
已经在月亮上面。

参考文献

［1］陈佑清. 学校变革的三种影响力量［J］. 教育发展研究，2012（4）.

［2］德波顿. 哲学的慰藉［M］. 资中筠，译. 上海：上海译文出版社，2009.

［3］董齐，等."名校集团化"：杭州教育第一步［N］. 光明日报，2009 - 03 - 25.

［4］高宝立. 对教育生态理论与教育发展关系的深层体会［R］//中央教育科学研究所下城教育综合改革实验区专家组，杭州市下城区教育局. 科研引领，区域推进——中央教育科学研究所杭州下城教育综合改革实验区周年巡礼［G］.［内部资料］，2009.

［5］郭海霞. 沟通是走进学生心灵的钥匙［J］. 教育教学论坛，2009（4）.

［6］黄翯青，等. 共情中的认知调节和情绪分享过程及其关系［J］. 西南大学学报：社会科学版，2010（11）.

［7］黄伟. 以学术"涵养"下城教育——在下城"教育学术之区"推进会上的讲话（摘录）［J］. 下城研训，2012（4）.

［8］贾汉贝格鲁. 柏林谈话录［M］. 杨桢钦，译. 南京：译林出版

社，2002.

[9] 李家成. 走向"关怀生命"的学校教育 [J]. 人民教育，2004 (21).

[10] 李月红. 杭州国有民办学校转制新进展——"春蕾"、"风帆"成立教育集团 [N]. 浙江日报，2010 – 04 – 03.

[11] 联合国教科文组织国际教育发展委员会. 学会生存——教育世界的今天和明天 [M]. 华东师范大学比较教育研究所，译. 北京：教育科学出版社，1996.

[12] 林丹. 现实之困与理想之路——论基础教育改革三大利益相关者的矛盾及其化解 [J]. 四川师范大学学报：社会科学版，2011 (2).

[13] 刘粉莉，艾丹青. 既好玩又不用考试，地方课学生最喜欢 [N]. 杭州日报，2009 – 10 – 14.

[14] 刘贵华，王小飞，祝新宇. 论区域教育综合改革模式 [J]. 教育研究，2009 (12).

[15] 刘贵华. 教育生态理论与教育实践的关系 [R] //中央教育科学研究所下城教育综合改革实验区专家组，杭州市下城区教育局. 科研引领，区域推进——中央教育科学研究所杭州下城教育综合改革实验区周年巡礼 [G]. [内部资料]，2009.

[16] 刘惊铎. 道德体验论 [M]. 北京：人民教育出版社，2007.

[17] 马世骏，等. 社会—经济—自然复合生态系统 [J]. 生态学报，1984 (1).

[18] 蒙培元. 从中国生态文化中汲取什么 [J]. 社会科学战线，2008 (8).

[19] 彭世华. 发展区域教育学 [M]. 北京：教育科学出版社，2003.

[20] 钦佩，等. 生态工程学 [M]. 南京：南京大学出版社，2002.

[21] 唐西胜. 大力建设特色学科，扎实推进轻负高质 [J]. 下城研训，2012 (2).

[22] 陶行知. 陶行知全集 [M]. 成都：四川教育出版社，2005.

[23] 田慧生. 教育生态理论的区域教育实践方法论与发展观思考 [R] //中央教育科学研究所下城教育综合改革实验区专家组，杭州市下城区教育局. 科研引领，区域推进——中央教育科学研究所杭州下城教育综合改革实验区周年巡礼 [G]. [内部资料]，2009.

[24] 王小飞，刘贵华，卜家雄. 基于生态位理论的区域教育高位均衡发展研究——杭州下城区"高位均衡、轻负高质"教育发展路径探索 [J]. 教育研究与实验，2009（5）.

[25] 王振权. 区域教育综合改革的参与发展模式 [J]. 教育发展研究，2010（7）.

[26] 雅斯贝尔斯. 智慧之路——哲学导论 [M]. 柯锦华，等，译. 北京：中国国际广播出版社，1988.

[27] 言宏. 共话教育改革创新，共谋教育持续发展 [N]. 教育信息报，2009 – 12 – 03.

[28] 言宏. 生命、责任、革新——教育价值与区域教育可持续发展 [N]. 教育信息报，2009 – 12 – 03.

[29] 杨通进. 生态十二讲 [M]. 天津：天津人民出版社，2008.

[30] 袁振国. 均衡发展，区域推进——在中央教育科学研究所与下城区人民政府教育综合改革实验区合作签约仪式上的讲话 [R] //中央教育科学研究所下城教育综合改革实验区专家组，杭州市下城区教育局. 科研引领，区域推进——中央教育科学研究所杭州下城教育综合改革实验区周年巡礼 [G]. [内部资料]，2009.

[31] 袁振国. 区域推进，引领未来 [R] //杭州市下城区教育局. 合——理论破土纪实 [G]. [内部资料]，2008.

[32] 袁振国所长在首届教育综合改革实验区联席会上的致辞 [R] //杭州市下城区教育局，中央教育科学研究所下城教育综合改革实验区专家组. 生态发展，区域辐射，共建高位高尚教育——中央教育科学研究所杭州下城教育

综合改革实验区年度工作回顾［G］.［内部资料］，2010.

[33] 曾天山. 关于教育生态理论的几点体会与问题思考［R］//中央教育科学研究所下城教育综合改革实验区专家组，杭州市下城区教育局. 科研引领，区域推进——中央教育科学研究所杭州下城教育综合改革实验区周年巡礼［G］.［内部资料］，2009.

[34] 赵明，刘粉莉，李平. 杭州下城：打造高品质全国社区教育示范区［N］. 浙江日报，2010 - 12 - 03.

[35] 赵明. 下城区创建全国义务教育均衡发展工作先进地区纪实［N］. 浙江日报，2009 - 11 - 13.

[36] 郑宏尖. 研究引领，争做"轻负高质"、高位均衡的推手［R］//杭州市下城区教育局，中央教育科学研究所下城教育综合改革实验区专家组. 生态发展，区域辐射，共建高位高尚教育——中央教育科学研究所杭州下城教育综合改革实验区年度工作回顾［G］.［内部资料］，2010.

[37] 郑艳琼. 让人人优质成为可能［N］. 青年时报，2009 - 11 - 13.

[38] 中国教科院下城实验区专家组. 生态引领，优质公平［EB/OL］. [2010 - 11 - 15].http：//www. nies. net. cn/ky/syq/hzxc/gzjb/201011/t20101122_36380. htm.

[39] 中国教科院下城实验区专家组. 追求好的教育，走下城特质的教育改革之路［EB/OL］.［2011 - 12 - 30］.http：//www. nies. net. cn/ky/syq/hzxc/gzjb/201112/t20111231_ 36451. htm.

[40] 中国教科院下城实验区专家组. 科研引领促决策，落实行动保安全［EB/OL］.［2010 - 06 - 04］.http：//www. nies. net. cn/ky/syq/hzxc/gzjb/201006/t20100625_ 36336. htm.

[41] 中央教育科学研究所教育综合改革实验区. 区域推进教育发展的若干问题［J］. 大学：学术版，2010 (11).

[42] 周培植. 以教育生态理论促进区域教育现代化——杭州下城区"高位均衡、轻负高质"教育发展路径探索［J］. 教育研究，2009 (10).

［43］朱永新，何小忠．科学发展观与中国教育改革［M］．福州：福建教育出版社，2009．

［44］朱振岳，刘粉莉．名师平民化，评选梯队化，培养层次化，认定限期化——杭州下城区"梯级培养"涵养名师群［N］．中国教育报，2010 - 05 - 11．

［45］朱振岳．中央教科所下城教育生态研究中心挂牌［N］．中国教育报，2009 - 11 - 25．

［46］祝新宇，刘贵华，周培植．试论生态视域下的"轻负高质"［J］．教育发展研究，2012（2）．

后　记

　　教育改革是当前我国教育发展的时代主题，区域性推进教育改革已成为我国教育改革的重要形式。教育改革尤其是区域教育改革应如何响应时代特征，如何凸显区域发展特色，如何遵循教育发展的内在规律要求，如何彰显教育发展的个性化与特色化，这已成为区域教育改革发展与创新必须要思考和解决的重要问题，建构与摸索解决这些问题的区域教育改革模式无疑是区域教育改革面临的重要挑战。中国教科院下城教育综合改革实验区的建立便是这种改革模式建构与摸索的开始，而《高位均衡　轻负高质——杭州下城教育综合改革实验模式》书稿的完成即是对这种改革实验模式的建构与摸索的集成。所以，在一定意义上说，本书是在回应和解决当前区域教育改革发展难题而作出的改革与创新的成果，记录了区域教育改革创造性发展的典范，对区域教育改革的深入推进具有重要的借鉴意义和样本价值。

　　本书沿着下城教育综合改革的足迹展开，从建设、发展、成效三个方面展示出下城区域教育改革的全景，以区域教育生态理论为

指导，以区域教育现代化的实践探索并达成"好的教育"发展目标
为旨归，多维度、立体化地展现了"高位均衡、轻负高质"改革模式的理论内涵和实践经验，使读者可以清晰地了解区域教育改革的方法论基础，了解区域教育改革的实践策略，体验追求"好的教育"并收获"好的教育"的快乐与幸福，感悟区域教育改革下城模式的发展魅力。这种扑面而来的区域教育改革新风尚、新气象、新形式，无疑会给每位教育工作者带来新认知、新感觉和新体验，具有较强的感染力、影响力和渗透力。

　　本书最大的特色在于理论与实践的有机结合，理论基于实践又高于实践，实践融入理论又助推理论，也即下城教育改革模式是以生发于下城的区域教育生态理论作为教育改革实践的哲学基础和方法论的。同时，区域教育现代化实践探索也在不断践行和完善区域教育生态理论的观点。正是二者的有机结合，使得下城区域教育综合改革模式深深地镌刻着下城教育的发展印迹，渗透着下城教育的DNA，具有独特的区域特色和发展个性。可见，没有理论基础和品性的教育改革实践只能是简单的经验探索，不具有教育性和发展性，也谈不上科学性和有效性，更不可能形成真正的区域教育改革发展模式。欧文斯也指出：如果没有运用理论知识做指南，就像是在专业教育领导艺术的迷宫里盲目摸索，希望采取恰当的策略，然而却只能边做边猜。同样，缺乏实践支撑的教育理论也不会有持久的生命力，也不可能有效地指导教育改革实践。所以，下城教育改革模式既有适切的理论基础，也有个性化的教育实践，既彰显了下城教育的公平、均衡、优质与多样，也切实减轻了学生课业负担，实实在在地提高了区域教育发展质量，是一种值得关注与重视的区域教育改革发展模式。

　　下城模式是集体智慧的结晶，它的设计与探索凝结了各方的多年心血：中国教科院院长袁振国高度关注下城区域教育综合改革，对实验区的改革与发展给予了全面的支持和帮助，并对本书的写作和出版给予了重要指导。教育部基础教育课程教材发展中心主任田慧生，中国教科院党委副书记史习琳、副院长曾天山，《教育研究》杂志高宝立主编，全国教育科学规划办刘贵华副主任等领导多次到下城实验区座谈与调研，对实验区的建设提出许多建设性意见。中国教育科学院教育综合改革实验区办公室李晓强主任对下城实验区的工作极为支持，并对本书的撰写提出了许多宝贵意见。中国教科院派驻下城实验区的专家华国栋研究员、刘贵华教授、王小飞博士、吴景松博士、杜卫博士、祝新宇博士、燕学敏博士、刘光余博士、张布和教授、胡军老师、刘惊铎教授、李嘉骏老师、王鑫博士、徐金海博士等对区域教育改革实验贡献了大量智慧和辛勤的劳动。王鑫博士、徐金海博士承担了本书的编写工作，黄海军博士、王许人博士协助本书的编写工作。

　　下城区区委书记项永丹，区长吴才敏，区人大常委会副主任鲁奋，副区长何伟、洪明、沈凯波，区政协副主席张红舞；区教育局党委书记、局长黄伟，原党委书记、调研员周培植，党委副书记、副局长潘德娴，副局长郑宏尖、丁越，历任局领导李西文、邵伟华、高建梁、卜家雄等同志在下城模式的形成过程中提供了大力支持。范琪、骆玲芳、章建国、刘粉莉、李笑芳、汪琪、唐西胜、郑锦杭、赵士勋、杨仙萍、徐一军、方鸥、王李青、王盛之、陈剑琦、张萍、李平、罗芳草、张海静、鹿伟等同志以及国家级课题"以教育生态理论促进区域教育现代化的实践研究"课题组为本书提供了大量素材，为顺利完成书稿奠定了基础。此外，下城模式的探索和发展还得到了许多教育研究者和下城广大校（园）领导、教师们的帮助。在此一并表示衷心的感谢。

《高位均衡 轻负高质——杭州下城教育综合改革实验模式》一书的付梓，并非下城模式探索的完结，区域教育生态理论的研究仍需深入，区域教育现代化之路仍任重道远。我们愿与有志于教育'理论研究与实践的同仁共同探讨下城教育改革模式的深度发展，让下城模式不仅在下城茁壮成长，更能对我国区域教育改革实践提供政策建议和实践智慧。

本书由下城区人民政府沈凯波副区长主编，全书由区教育局原党委书记周培植同志、黄伟局长、郑宏尖副局长、王鑫博士设计统稿，建设篇、结束语由王鑫博士执笔，发展篇、成效篇由徐金海博士执笔。虽然我们倾全力于下城模式的探索，但时间有限，水平所囿，本书难免会存有疏漏与不足之处，恳请大家多提宝贵意见和建议，以便于下城模式的理论与实践在继续探索中不断完善。

编　者

2012 年 12 月

出　版　人　所广一
项目统筹　谭文明
责任编辑　欧阳国焰　　池春燕
版式设计　杨玲玲
责任校对　贾静芳
责任印制　曲凤玲

图书在版编目（CIP）数据

高位均衡　轻负高质：杭州下城教育综合改革实验
模式／《教育综合改革实验丛书》编委会编. — 北京：
教育科学出版社，2012.12
　　（教育综合改革实验丛书）
　　ISBN 978 - 7 - 5041 - 7249 - 5

　　Ⅰ．①高…　Ⅱ．①教…　Ⅲ．①区（城市）—教育
改革—研究—杭州市　Ⅳ．①G527.551

　　中国版本图书馆 CIP 数据核字（2012）第 299182 号

教育综合改革实验丛书
高位均衡　轻负高质
GAOWEI JUNHENG　QINGFU GAOZHI

出版发行　**教育科学出版社**

社　　址　北京·朝阳区安慧北里安园甲9号　　市场部电话　010 - 64989009
邮　　编　100101　　　　　　　　　　　　　　编辑部电话　010 - 64989527
传　　真　010 - 64891796　　　　　　　　　　网　　址　http://www.esph.com.cn

经　　销　各地新华书店
制　　作　北京博祥图文设计中心
印　　刷　保定市中画美凯印刷有限公司
开　　本　169 毫米 × 239 毫米　16 开　　　版　　次　2012 年 12 月第 1 版
印　　张　13.75　　　　　　　　　　　　　　印　　次　2012 年 12 月第 1 次印刷
字　　数　153 千　　　　　　　　　　　　　　定　　价　30.00 元

如有印装质量问题，请到所购图书销售部门联系调换。